January 18, 1999

What do I consider my most important Contributions?

- That I early on—almost sixty years ago—realized that MANAGEMENT has become the constitutive organ and function of the <u>Society of Organizations</u>;

- That MANAGEMENT is not "Business Management- though it first attained attention in business- but the governing organ of ALL institutions of Modern Society;

- That I established the study of MANAGEMENT as a DISCIPLINE in its own right; and

- That I focused this discipline on People and Power; on Values; Structure and Constitution; AND ABOVE ALL ON RESPONSIBILITIES- that is focused the <u>Discipline of Management</u> on Management as a truly LIBERAL ART.

Peter F. Drucker

我认为我最重要的贡献是什么？

- 早在60年前，我就认识到管理已经成为组织社会的基本器官和功能；

- 管理不仅是"企业管理"，而且是所有现代社会机构的管理器官，尽管管理一开始就将注意力放在企业上；

- 我创建了管理这门学科；

- 我围绕着人与权力、价值观、结构和方式来研究这一学科，尤其是围绕着责任。管理学科是把管理当作一门真正的综合艺术。

彼得·德鲁克
1999年1月18日

注：资料原件打印在德鲁克先生的私人信笺上，并有德鲁克先生亲笔签名，现藏于美国德鲁克档案馆。为纪念德鲁克先生，本书特收录这一珍贵资料。本资料由德鲁克管理学专家那国毅教授提供。

彼得·德鲁克和妻子多丽丝·德鲁克

德鲁克妻子多丽丝寄语中国读者

在此谨向广大的中国读者致以我诚挚的问候。本书深入介绍了德鲁克在管理领域方面的多种理念和见解。我相信他的管理思想得以在中国广泛应用,将有赖出版及持续的教育工作,令更多人受惠于他的馈赠。

盼望本书可以激发各位对构建一个令人憧憬的美好社会的希望,并推动大家在这一过程中积极发挥领导作用,他的在天之灵定会备感欣慰。

Doris Drucker

本页照片和多丽丝寄语原文与亲笔签名由彼得·德鲁克管理学院提供

21世纪的管理挑战

［美］彼得·德鲁克 著

朱雁斌 译

Management
Challenges for
the 21st Century

彼得·德鲁克全集

机械工业出版社
China Machine Press

图书在版编目（CIP）数据

21世纪的管理挑战 /（美）彼得·德鲁克（Peter F. Drucker）著；朱雁斌译 . —北京：机械工业出版社，2018.5（2022.10重印）

（彼得·德鲁克全集）

书名原文：Management Challenges for the 21st Century

ISBN 978-7-111-59720-9

I. 2… II. ①彼… ②朱… III. 企业管理 IV. F272

中国版本图书馆CIP数据核字（2018）第080757号

北京市版权局著作权合同登记　图字：01-2005-4819号。

Peter F. Drucker. Management Challenges for the 21st Century.

Copyright © 1999 by Peter F. Drucker.

Chinese (Simplified Characters only) Trade Paperback Copyright © 2019 by China Machine Press.

This edition arranged with HarperBusiness, an imprint of HarperCollins Publishers through Bardon-Chinese Media Agency. This edition is authorized for sale in the Chinese mainland (excluding Hong Kong SAR, Macao SAR and Taiwan).

No part of this book may be reproduced or transmitted in any form or by any means, electronic or mechanical, including photocopying, recording or any information storage and retrieval system, without permission, in writing, from the publisher.

All rights reserved.

本书中文简体字版由HarperBusiness, an imprint of HarperCollins Publishers 通过Bardon-Chinese Media Agency 授权机械工业出版社在中国大陆地区（不包括香港、澳门特别行政区及台湾地区）独家出版发行。未经出版者书面许可，不得以任何方式抄袭、复制或节录本书中的任何部分。

本书两面插页所用资料由彼得·德鲁克管理学院和那国毅教授提供。封面中签名摘自德鲁克先生为彼得·德鲁克管理学院的题词。

21世纪的管理挑战

出版发行：机械工业出版社（北京市西城区百万庄大街22号）　邮政编码：100037				
责任编辑：程　琨			责任校对：殷　虹	
印　　刷：涿州市京南印刷厂			版　　次：2022年10月第1版第11次印刷	
开　　本：170mm×230mm　1/16			印　　张：16.5	
书　　号：ISBN 978-7-111-59720-9			定　　价：69.00元	

客服电话：（010）88361066　68326294

版权所有·侵权必究
封底无防伪标均为盗版

如果您喜欢彼得·德鲁克（Peter F. Drucker）或者他的书籍，那么请您尊重德鲁克。不要购买盗版图书，以及以德鲁克名义编纂的伪书。

| 目 录 |

推荐序一（邵明路）

推荐序二（赵曙明）

推荐序三（珍妮·达罗克）

前言

鸣谢

第 1 章　管理的新范式 / 1

第 2 章　战略：新的必然趋势 / 47

第 3 章　变革的引导者 / 80

第 4 章　信息挑战 / 106

第 5 章　知识工作者的生产率 / 152

第 6 章　自我管理 / 184

译者后记 / 227

| 推荐序一 |

功能正常的社会和博雅管理

为"彼得·德鲁克全集"作序

享誉世界的"现代管理学之父"彼得·德鲁克先生自认为,虽然他因为创建了现代管理学而广为人知,但他其实是一名社会生态学者,他真正关心的是个人在社会环境中的生存状况,管理则是新出现的用来改善社会和人生的工具。他一生写了39本书,只有15本书是讲管理的,其他都是有关社群(社区)、社会和政体的,而其中写工商企业管理的只有两本书(《为成果而管理》和《创新与企业家精神》)。

德鲁克深知人性是不完美的,因此人所创造的一切事物,包括人设计的社会也不可能完美。他对社会的期待和理想并不高,那只是一个较少痛苦,还可以容忍的社会。不过,它还是要有基本的功能,为生活在其中的人提供可以正常生活和工作的条件。这些功能或条件,就好像一个生命体必须具备正常的生命特征,没有它们社会也就不成其为社会了。值得留意的是,社会并不等同于"国家",因为"国(政府)"和"家(家庭)"

不可能提供一个社会全部必要的职能。在德鲁克眼里，功能正常的社会至少要由三大类机构组成：政府、企业和非营利机构，它们各自发挥不同性质的作用，每一类、每一个机构中都要有能解决问题、令机构创造出独特绩效的权力中心和决策机制，这个权力中心和决策机制同时也要让机构里的每个人各得其所，既有所担当、做出贡献，又得到生计和身份、地位。这些在过去的国家中从来没有过的权力中心和决策机制，或者说新的"政体"，就是"管理"。在这里德鲁克把企业和非营利机构中的管理体制与政府的统治体制统称为"政体"，是因为它们都掌握权力，但是，这是两种性质截然不同的权力。企业和非营利机构掌握的，是为了提供特定的产品和服务，而调配社会资源的权力，政府所拥有的，则是整个社会公平的维护、正义的裁夺和干预的权力。

在美国克莱蒙特大学附近，有一座小小的德鲁克纪念馆，走进这座用他的故居改成的纪念馆，正对客厅入口的显眼处有一段他的名言：

> 在一个由多元的组织所构成的社会中，使我们的各种组织机构负责任地、独立自治地、高绩效地运作，是自由和尊严的唯一保障。有绩效的、负责任的管理是对抗和替代极权专制的唯一选择。

当年纪念馆落成时，德鲁克研究所的同事们问自己，如果要从德鲁克的著作中找出一段精练的话，概括这位大师的毕生工作对我们这个世界的意义，会是什么？他们最终选用了这段话。

如果你了解德鲁克的生平，了解他的基本信念和价值观形成的过程，你一定会同意他们的选择。从他的第一本书《经济人的末日》到他独自完成的最后一本书《功能社会》之间，贯穿着一条抵制极权专制、捍卫个人自由和尊严的直线。这里极权的极是极端的极，不是集中的集，两个词一字之差，其含义却有着重大区别，因为人类历史上由来已久的中央集权统治直到20世纪才有条件变种成极权主义。极权主义所谋求的，是从肉体到精神，全面、彻底地操纵和控制人类的每一个成员，把他们改造成实现个别极权主义者梦想的人形机器。20世纪给人类带来最大灾难和伤害的战争和运动，都是极权主义的"杰作"，德鲁克青年时代经历的希特勒纳粹主义正是其中之一。要了解德鲁克的经历怎样影响了他的信念和价值观，最好去读他的《旁观者》；要弄清什么是极权主义和为什么大众会拥护它，可以去读汉娜·阿伦特1951年出版的《极权主义的起源》。

好在历史的演变并不总是令人沮丧。工业革命以来，特别是从1800年开始，最近这200年生产力呈加速度提高，不但造就了物质的极大丰富，还带来了社会结构的深刻改变，这就是德鲁克早在80年前就敏锐地洞察和指出的，多元的、组织型的新社会的形成：新兴的企业和非营利机构填补了由来已久的"国（政府）"和"家（家庭）"之间的断层和空白，为现代国家提供了真正意义上的种种社会功能。在这个基础上，教育的普及和知识工作者的崛起，正在造就知识经济和知识社会，而信息科技成为这一切变化的加速器。要特别说明,"知识工作者"是德鲁克创造的一个称谓,泛指具备和应用专门知识从事生产工作,为社会创造出有用的产品和服务的人群,这包括企业家和在任何机构中的管理者、专业人士和技工,也包括社会上的独立执业人士,如会计师、律师、咨询师、培训师等。在 21 世纪的今天,由于知识的应用领域一再被扩大,个人和个别机构不再是孤独无助的,他们因为掌握了某项知识,就拥有了选择的自由和影响他人的权力。知识工作者和由他们组成的知识型组织不再是传统的知识分子或组织,知识工作者最大的特点就是他们的独立自主,可以主动地整合资源、创造价值,促成经济、社会、文化甚至政治层面的改变,而传统的知识分子只能依附于当时的统治当局,在统治当局提供的平台上才能有所作为。这是一个划时代的、意义深远的变化,而且这个变化不仅发生在西方发达国家,也发生在发展中国家。

在一个由多元组织构成的社会中,拿政府、企业和非营利机构这三类组织相互比较,企业和非营利机构因为受到市场、公众和政府的制约,它们的管理者不可能像政府那样走上极权主义统治,这是它们在德鲁克看来,比政府更重要、更值得寄予希望的原因。尽管如此,它们仍然可能因为管理缺位或者管理失当,例如官僚专制,不能达到德鲁克期望的"负责任地、高绩效地运作",从而为极权专制垄断社会资源让出空间、提供机会。在所有机构中,包括在互联网时代虚拟的工作社群中,知识工作者的崛起既为新的管理提供了基础和条件,也带来对传统的"胡萝卜加大棒"管理方式的挑战。德鲁克正是因应这样的现实,研究、创立和不断完善现代管理学的。

1999年1月18日,德鲁克接近90岁高龄,在回答"我最重要的贡献是什么"这个问题时,他写了下面这段话:

> 我着眼于人和权力、价值观、结构和规范去研究管理学,而在所有这些之上,我聚焦于"责任",那意味着我是把管理学当作一门真正的"博雅技艺"来看待的。

给管理学冠上"博雅技艺"的标识是德鲁克的首创,反映出他对管理的独特视角,这一点显然很重要,但是在他众多的著作中却没找到多少这方面的进一步解释。最完整的阐述是在他的《管理新现实》这本书第15章第五小节,这节的标题就是"管理是一种博雅技艺":

> 30年前,英国科学家兼小说家斯诺(C. P. Snow)曾经提到当代社会的"两种文化"。可是,管理既不符合斯诺所说的"人文文化",也不符合他所说的"科学文化"。管理所关心的是行动和应用,而成果正是对管理的考验,从这一点来看,管理算是一种科技。可是,管理也关心人、人的价值、人的成长与发展,就这一点而言,管理又算是人文学科。另外,管理对社会结构和社群(社区)的关注与影响,也使管理算得上是人文学科。事实上,每一个曾经长年与各种组织里的

管理者相处的人（就像本书作者）都知道，管理深深触及一些精神层面关切的问题——像人性的善与恶。

管理因而成为传统上所说的"博雅技艺"（liberal art）——是"博雅"（liberal），因为它关切的是知识的根本、自我认知、智慧和领导力，也是"技艺"（art），因为管理就是实行和应用。管理者从各种人文科学和社会科学中——心理学和哲学、经济学和历史、伦理学，以及从自然科学中，汲取知识与见解，可是，他们必须把这种知识集中在效能和成果上——治疗病人、教育学生、建造桥梁，以及设计和销售容易使用的软件程序等。

作为一个有多年实际管理经验，又几乎通读过德鲁克全部著作的人，我曾经反复琢磨过为什么德鲁克要说管理学其实是一门"博雅技艺"。我终于意识到这并不仅仅是一个标新立异的溢美之举，而是在为管理定性，它揭示了管理的本质，提出了所有管理者努力的正确方向。这至少包括了以下几重含义：

第一，管理最根本的问题，或者说管理的要害，就是管理者和每个知识工作者怎么看待与处理人和权力的关系。德鲁克是一位基督徒，他的宗教信仰和他的生活经验相互印证，对他的研究和写作产生了深刻的影响。在他看来，人是不应该有权力（power）的，只有造人的上帝或者说造物主才拥有权力，造物主永远高于人类。归根结底，人性是软弱的，经不起权力的引诱和考验。因此，人可以拥有的只是授权（authority），也就是人只是在某一阶段、某一事情上，因为所拥有的品德、知识和能力而被授权。不但任何个人是这样，整个人类也是这样。民主国家中"主权在民"，但是人民的权力也是一种授权，是造物主授予的，人在这种授权之下只是一个既有自由意志，又要承担责任的"工具"，他是造物主的工具而不能成为主宰，不能按自己的意图去操纵和控制自己的同类。认识到这一点，人才会谦卑而且有责任感，他们才会以造物主才能够掌握、人类只能被其感召和启示的公平正义，去时时检讨自己，也才会甘愿把自己置于外力强制的规范和约束之下。

第二，尽管人性是不完美的，但是人彼此平等，都有自己的价值，都有自己的创造能力，都有自己的功能，都应该被尊敬，而且应该被鼓励去创造。美国的独立宣言和宪法中所说的，人生而平等，每个人都有与生俱来、不证自明的权利（rights），正是从这一信念而来的，这也是德鲁克的管理学之所以可以有所作为的根本依据。管理者是否相信每个人都有善意和潜力？是否真的对所有人都平等看待？这些基本的或者说核心的价值观和信念，最终决定他们是否能和德鲁克的学说发生感应，是否真的能理解和实行它。

第三，在知识社会和知识型组织里，每一个工作者在某种程度上，都既是知识工作者，也是管理者，因为他可以凭借自己的专门知识对他人和组织产生权威性的影响——知识就是权力。但是权力必须和责任捆绑在一起。而一个管理者是否负起了责任，要以绩效和成果做检验。凭绩效和成果问责的权力是正当和合法的权力，也就是授权（authority），否则就成为德鲁克坚决反对的强权（might）。绩效和成果之所以重要，不但在经济和物质层面，而且在心理层面，都会对人们产生影响。管理者和领导者如果持续不能解决现实问题，大众在彻底失望之余，会转而选择去依赖和服从强权，同时甘愿交出自己的自由和尊严。这就是为什么德鲁克一再警告，如果管理失败，极权主义就会取而代之。

第四，除了让组织取得绩效和成果，管理者还有没有其他的责任？或者换一种说法，绩效和成果仅限于可量化的经济成果和财富吗？对一个工商企业来说，除了为客户提供价廉物美的产品和服务、为股东赚取合理的利润，能否同时成为一个良好的、负责任的"社会公民"，能否同时帮助自己的员工在品格和能力两方面都得到提升呢？这似乎是一个太过苛刻的要求，但它是一个合理的要求。我个人在十多年前，和一家这样要求自己的后勤服务业的跨国公司合作，通过实践认识到这是可能的。这意味着我们必须学会把伦理道德的诉求和经济目标，设计进同一个工作流程、同一套衡量系统，直至每一种方法、工具和模式中去。值得欣慰的是，今天有越来越多的机构开始严肃地对待这个问题，在各自的领域做出肯定的回答。

第五，"作为一门博雅技艺的管理"或称"博雅管理"，这个讨人喜爱的中文翻译有一点儿问题，从翻译的"信、达、雅"这三项专业要求来看，雅则雅矣，信有不足。liberal art 直译过来应该是"自由的技艺"，但最早的繁体字中文版译成了"博雅艺术",这可能是想要借助它在中国语文中的褒义,我个人还是觉得"自由的技艺"更贴近英文原意。liberal 本身就是自由。art 可以译成艺术,但管理是要应用的,是要产生绩效和成果的,所以它首先应该是一门"技能"。另一方面,管理的对象是人们的工作,和人打交道一定会面对人性的善恶,人的千变万化的意念——感性的和理性的,从这个角度看,管理又是一门涉及主观判断的"艺术"。所以 art 其实更适合解读为"技艺"。liberal——自由,art——技艺,把两者合起来就是"自由技艺"。

最后我想说的是,我之所以对 liberal art 的翻译这么咬文嚼字,是因为管理学并不像人们普遍认为的那样,是一个人或者一个机构的成功学。它不是旨在让一家企业赚钱,在生产效率方面达到最优,也不是旨在让一家非营利机构赢得道德上的美誉。它旨在让我们每个人都生存在其中的人类社会和人类社群(社区)更健康,使人们较少受到伤害和痛苦。让每个工作者,按照他与生俱来的善意和潜能,自由地选择他自己愿意在这个社会或社区中所承担的责任;自由地发挥才智去创造出对别人有用的价值,从而履行这样的责任;并且在这样一个创造性工作的过程中,成长为更好和更有能力的人。这就是德鲁克先生定义和期待的,管理作为一门"自由技艺",或者叫"博雅管理",它的真正的含义。

邵明路

彼得·德鲁克管理学院创办人

| 推荐序二 |

跨越时空的管理思想

20多年来，机械工业出版社关于德鲁克先生著作的出版计划在国内学术界和实践界引起了极大的反响，每本书一经出版便会占据畅销书排行榜，广受读者喜爱。我非常荣幸，一开始就全程参与了这套丛书的翻译、出版和推广活动。尽管这套丛书已经面世多年，然而每次去新华书店或是路过机场的书店，总能看见这套书静静地立于书架之上，长盛不衰。在当今这样一个强调产品迭代、崇尚标新立异、出版物良莠难分的时代，试问还有哪本书能做到这样呢？

如今，管理学研究者们试图总结和探讨中国经济与中国企业成功的奥秘，结论众说纷纭、莫衷一是。我想，企业成功的原因肯定是多种多样的。中国人讲求天时、地利、人和，缺一不可，其中一定少不了德鲁克先生著作的启发、点拨和教化。从中国老一代企业家（如张瑞敏、任正非），及新一代的优秀职业经理人（如方洪波）的演讲中，我们常常可以听到来自先生的真知灼见。在当代管理学术研究中，我们也可以常常看出先生的思想指引和学术影响。我常常对学生说，当你不能找到好的研究灵感时，可以去翻翻先生的著作；当你对企业实践困惑不解时，也可以把先生的著作放在床头。简言之，要想了解现代管理理论和实践，首先要从研读德鲁克先生的著作开始。基于这个原因，1991年我从美国学成回国后，在南京大学商学院图书馆的一角专门开辟了德鲁克著作之窗，并一手创办了德鲁克论坛。至今，我已在南京大学商学院举办了100多期德鲁克论坛。在这一点上，我们也要感谢机械工业出版社为德鲁克先生著作的翻译、出版和推广付出的辛勤努力。

在与企业家的日常交流中，当发现他们存在各种困惑的时候，我常常推荐企业家阅读德鲁克先生的著作。这是因为，秉持奥地利学派的一贯传统，德鲁克先生总是将企业家和创新作为著作的中心思想之一。他坚持认为："优秀的企业家和企业家精神是一个国家最为重要的资源。"在企业发展过程中，企业家总是面临着效率和创新、制度和个性化、利润和社会责任、授权和控制、自我和他人等不同的矛盾与冲突。企业家总是在各种矛盾与冲突中成长和发展。现代工商管理教育不但需要传授建立现代管理制度的基本原理和准则，同时也要培养一大批具有优秀管理技能的职业经理人。一个有效的组织既离不开良好的制度保证，同时也离不开有效的管理者，两者缺一不可。这是因为，一方面，企业家需要通过对管理原则、责任和实践进行研究，探索如何建立一个有效的管理机制和制度，而衡量一个管理制度是否有效的标准就在于该制度能否将管理者个人特征的影响降到最低限度；另一方面，一个再高明的制度，如果没有具有职业道德的员工和管理者的遵守，制度也会很容易土崩瓦解。换言之，一个再高效的组织，如果缺乏有效的管理者和员工，组织的效率也不可能得到实现。虽然德鲁克先生的大部分著作是有关企业管理的，但是我们可以看到自由、成长、创新、多样化、多元化的思想在其著作中是一以贯之的。正如德鲁克在《旁观者》一书的序言中所阐述的，"未来是'有机体'的时代，由任务、目的、策略、社会的和外在的环境所主导"。很多人喜欢德鲁克提出的概念，但是德鲁克却说，"人比任何概念都有趣多了"。德鲁克本人虽然只是管理的旁观者，但是他对企业家工作的理解、对管理本质的洞察、对人性复杂性的观察，鞭辟入里、入木三分，这也许就是企业家喜爱他的著作的原因吧！

德鲁克先生从研究营利组织开始，如《公司的概念》(1946年)，到研究非营利组织，如《非营利组织的管理》(1990年)，再到后来研究社会组织，如《功能社会》(2002年)。虽然德鲁克先生的大部分著作出版于20世纪六七十年代，然而其影响力却是历久弥新的。在他的著作中，读者很容易找到许多最新的管理思想的源头，同时也不难获悉许多在其他管理著作中无法找到的"真知灼见"，从组织的使命、组织的目标以及工商企业与服务机构的异同，到组织绩效、富有效率的员工、员工成就、员工福利和知识工作者，再到组织的社会影响与社会责任、企业与政府的关系、管理者的工作、管理工作的设计与内涵、管理人员的开发、目标管理与自我控制、中层管理者和知识型组织、有效决策、管理沟通、管理控制、面向未来的管理、组织的架构与设计、企业的合理规模、多角化经营、多国公司、企业成长和创新型组织等。

30多年前在美国读书期间，我就开始阅读先生的著作，学习先生的思想，并聆听先生的课堂教学。回国以后，我一直把他的著作放在案头。尔后，每隔一段时间，每每碰到新问题，就重新温故。令人惊奇的是，随着阅历的增长、知识的丰富，每次重温的时候，竟然会生出许多不同以往的想法和体会。仿佛这是一座挖不尽的宝藏，让人久久回味，有幸得以伴随终生。一本著作一旦诞生，就独立于作者、独立于时代而专属于每个读者，不同地理区域、不同文化背景、不同时代的人都能够从中得到启发、得到教育。这样的书是永恒的、跨越时空的。我想，德鲁克先生的著作就是如此。

特此作序，与大家共勉！

南京大学人文社会科学资深教授、商学院名誉院长

博士生导师

2018年10月于南京大学商学院安中大楼

| 推荐序三 |

彼得·德鲁克与伊藤雅俊管理学院是因循彼得·德鲁克和伊藤雅俊命名的。德鲁克生前担任玛丽·兰金·克拉克社会科学与管理学教席教授长达三十余载,而伊藤雅俊则受到日本商业人士和企业家的高度评价。

彼得·德鲁克被称为"现代管理学之父",他的作品涵盖了39本著作和无数篇文章。在德鲁克学院,我们将他的著述加以浓缩,称之为"德鲁克学说",以撷取德鲁克著述在五个关键方面的精华。

我们用以下框架来呈现德鲁克著述的现实意义,并呈现他的管理理论对当今社会的深远影响。

这五个关键方面如下。

(1)**对功能社会重要性的信念**。一个功能社会需要各种可持续性的组织贯穿于所有部门,这些组织皆由品行端正和有责任感的经理人来运营,他们很在意自己为社会带来的影响以及所做的贡献。德鲁克有两本书堪称他在功能社会研究领域的奠基之作。第一本书是《经济人的末日》(1939年),"审视了法西斯主义的精神和社会根源"。然后,在接下来出版的《工业人的未来》(1942年)一书中,德鲁克阐述了自己对第二次世界大战后社会的展望。后来,因为对健康组织对功能社会的重要作用兴趣盎然,他的主要关注点转到了商业。

(2) **对人的关注**。德鲁克笃信管理是一门博雅艺术,即建立一种情境,使博雅艺术在其中得以践行。这种哲学的宗旨是:管理是一项人的活动。德鲁克笃信人的潜质和能力,而且认为卓有成效的管理者是通过人来做成事情的,因为工作会给人带来社会地位和归属感。德鲁克提醒经理人,他们的职责可不只是给大家发一份薪水那么简单。

对于如何看待客户,德鲁克也采取"以人为本"的思想。他有一句话人人知晓,即客户决定了你的生意是什么、这门生意出品什么以及这门生意日后能否繁荣,因为客户只会为他们认为有价值的东西买单。理解客户的现实以及客户崇尚的价值是"市场营销的全部所在"。

(3) **对绩效的关注**。经理人有责任使一个组织健康运营并且持续下去。考量经理人的凭据是成果,因此他们要为那些成果负责。德鲁克同样认为,成果负责制要渗透到组织的每一个层面,务求淋漓尽致。

制衡的问题在德鲁克有关绩效的论述中也有所反映。他深谙若想提高人的生产力,就必须让工作给他们带来社会地位和意义。同样,德鲁克还论述了在延续性和变化二者间保持平衡的必要性，他强调面向未来并且看到"一个已经发生的未来"是经理人无法回避的职责。经理人必须能够探寻复杂、模糊的问题，预测并迎接变化乃至更新所带来的挑战，要能看到事情目前的样貌以及可能呈现的样貌。

（4）**对自我管理的关注**。一个有责任心的工作者应该能驱动他自己，能设立较高的绩效标准，并且能控制、衡量并指导自己的绩效。但是首先，卓有成效的管理者必须能自如地掌控他们自己的想法、情绪和行动。换言之，内在意愿在先，外在成效在后。

（5）**基于实践的、跨学科的、终身的学习观念**。德鲁克崇尚终身学习，因为他相信经理人必须要与变化保持同步。但德鲁克曾经也有一句名言："不要告诉我你跟我有过一次精彩的会面，告诉我你下周一打算有哪些不同。"这句话的意思正如我们理解的，我们必须关注"周一早上的不同"。

这些就是"德鲁克学说"的五个支柱。如果你放眼当今各个商业领域，就会发现这五个支柱恰好代表了五个关键方面，它们始终贯穿交织在许多公司使命宣言传达的讯息中。我们有谁没听说过高管宣称要回馈他们的社区，要欣然采纳以人为本的管理方法和跨界协同呢？

彼得·德鲁克的远见卓识在于他将管理视为一门博雅艺术。他的理论鼓励经理人去应用"博雅艺术的智慧和操守课程来解答日常在工作、学校和社会中遇到的问题"。也就是说，经理人的目光要穿越学科边界来解决这世上最棘手的一些问题，并且坚持不懈地问自己："你下周一打算有哪些不同？"

彼得·德鲁克的影响不限于管理实践，还有管理教育。在德鲁克学院，我们用"德鲁克学说"的五个支柱来指导课程大纲设计，也就是说，我们按照从如何进行自我管理到组织如何介入社会这个次序来给学生开设课程。

德鲁克学院一直十分重视自己的毕业生在管理实践中发挥的作用。其实，我们的使命宣言就是：

> 通过培养改变世界的全球领导者，来提升世界各地的管理实践。

有意思的是，世界各地的管理教育机构也很重视它们的学生在实践中的表现。事实上，这已经成为国际精英商学院协会（AACSB）认证的主要标志之一。国际精英商学院协会"始终致力于增进商界、学者、机构以及学生之间的交融，从而使商业教育能够与商业实践的需求步调一致"。

最后我想谈谈德鲁克和管理教育，我的观点来自2001年11月 *BizEd* 杂志第1期对彼得·德鲁克所做的一次访谈，这本杂志由商学院协会出版，受众是商学院。在访谈中，德鲁克被问道：在诸多事项中，有哪三门课最重要，是当今商学院应该教给明日之管理者的？

德鲁克答道：

> 第一课，他们必须学会对自己负责。太多的人仍

在指望人事部门来照顾他们，他们不知道自己的优势，不知道自己的归属何在，他们对自己毫不负责。

第二课也是最重要的，要向上看，而不是向下看。焦点仍然放在对下属的管理上，但应开始关注如何成为一名管理者。管理你的上司比管理下属更重要。所以你要问："我应该为组织贡献什么？"

最后一课是必须修习基本的素养。是的，你想让会计做好会计的事，但你也想让她了解组织的其他功能何在。这就是我说的组织的基本素养。这类素养不是学一些相关课程就行了，而是与实践经验有关。

凭我一己之见，德鲁克在2001年给出的这则忠告，放在今日仍然适用。卓有成效的管理者需要修习自我管理，需要向上管理，也需要了解一个组织的功能如何与整个组织契合。

彼得·德鲁克对管理实践的影响深刻而巨大。他涉猎广泛，他的一些早期著述，如《管理的实践》（1954年）、《卓有成效的管理者》（1966年）以及《创新与企业家精神》（1985年），都是我时不时会翻阅研读的书籍，每当我作为一个商界领导者被诸多问题困扰时，我都会从这些书中寻求答案。

珍妮·达罗克
彼得·德鲁克与伊藤雅俊管理学院院长
亨利·黄市场营销和创新教授
美国加州克莱蒙特市

| 前 言 |

明天的"热点"问题

读者会问:"在这本关于**管理挑战**的著作中,哪里提到了**竞争战略**、**领导力**、**创造力**、**团队协作**和**技术**?哪里论述了'**今天**'的热点问题?"由于这些都是今天面临的问题,因此我未在本书中提到它们。本书只涉及**明天**的"热点"问题,即关键性的、决定性的、生死攸关的和明天肯定会成为主要挑战的问题。

肯定吗?当然肯定。因为本书提出的不是**预言**,不是关于**未来**的臆测。在每个发达国家和大多数新兴国家(如韩国或土耳其),本书讨论的挑战和问题都曾经与我们擦肩而过。人们已经可以确定它们的存在、对它们进行讨论和分析以及对症下药。在某些地方,某些人可能已经在致力于这方面的研究。但是迄今为止,能做到这一点的组织和管理人员却屈指可数。只有那些现在就开始重视这些挑战,同时不仅自己做好准备,而且帮助组织做好应对挑战准备的人,才能引领潮流,才能主宰自己的未来。持观望态度的组织很可能被远远地甩在后面,从此一蹶不振。

本书吹响了行动的号角。

这些挑战不是今天才出现的。**它们各不相同**。在大多数情况下，它们与今天普遍接受的和认为成功的事情格格不入，并且截然不同。我们生活在一个**意义深远的转型期**，在这个时期发生的变革，甚至比19世纪中叶第二次工业革命带来的变化或大萧条时期和第二次世界大战引发的结构性调整更为彻底。许多读者可能因为读了这本书而感到失望和不知所措，我在写作时也有同感。这是因为在许多情况下（如面对发达国家越来越低的人口出生率带来的挑战，或最后一章"自我管理"所讨论的个人和提供就业机会的组织需要面对的挑战等），当我们面对新的现实及其要求时，20世纪行之有效的政策不再灵验，组织和个人的观念需要更新。

这是一本关于**管理的书**，其中关于**企业挑战**的内容有意只字不提，包括一些非常重要的问题，如欧元是否会取代美元成为世界的主要货币，或什么会成为继商业银行和投资银行等19世纪最成功的经济创新之后的第三大经济创新，等等。本书故意没有提及经济学内容，即使我们不得不根据**管理内容和管理方式**发生的基本变化（如知识成为经济的重要资源），去研究全新的经济理论和同样全新的经济政策。我也没有在书中讨论政治，如俄罗斯是否会重新成为政治、军事和经济强国等关键性问题。这本书只讨论**管理问题**。

我这么做自有道理。本书所讨论的问题，如新的社会、人口和经济现实，是**政府**无法顺利解决的问题。这些问题会对政治产生深远的影响，但它们都不是政治问题。它们不是自由市场经济可以从容应对的问题，它们也不是**经济理论**或**经济政策**

可以处理的问题，只有管理层和知识工作者、专业人员或管理人员自己才能处理与解决这些问题。所有发达国家和所有新兴国家的国内政治活动家们，一定会就这些问题展开广泛的争论。但是，这些问题的解决还得靠独立的组织、组织的管理层以及每个知识工作者（特别是每个管理人员）。

当然，在这些组织中，许多都是企业。在这些挑战影响到的组织和知识工作者中，许多都是企业或为企业工作的雇员。然而，本书论述的是管理问题，而不是企业管理问题，其中提及的挑战对当今社会的**所有**组织都会有影响。事实上，许多非营利性机构（如大学、医院或政府部门）比企业更僵化，更缺少灵活性，而且过时的概念、假设和政策在它们内部更加根深蒂固，且其中许多机构（如大学）仍旧坚持陈腐（19世纪）的思想。

如何使用这本书？我建议一次看完一章。每一章的篇幅都很长。读完之后，首先问："这些问题、这些挑战对于我们的组织，对于作为知识工作者、专业人员或管理人员的我来说，**意味着**什么呢？"在仔细思考后，再问："我们的组织和作为知识工作者或管理人员的我要采取什么**行动**，才能将本章讨论的挑战转变为组织和我的**机会**呢？"

然后，开始付诸行动吧！

彼得·德鲁克

1999年元旦于加州克莱蒙特市

| 鸣　谢 |

在哈珀·柯林斯出版公司（Harper Collins）的小卡斯·坎菲尔德（Cass Canfield, Jr.）的倡议下，我开始写这本书。小卡斯·坎菲尔德长期担任我的美国版编辑。然而，这本书与我和坎菲尔德先生的初衷大相径庭。当初我们想出版的书要集大成于一身，能够包含我过去50多年以来所撰写和出版的所有管理著作的精华，是一种"德鲁克回顾展"。但是，当我开始撰写坎菲尔德提议的这本书时，我们两人越来越清楚地认识到，这本书应向**前看**，不应向后看。因此，这本书**不是**我以前出版的管理著作的摘录。**通过向前看**，它成为对这些管理书籍的补充。在我撰写这本书的时候，坎菲尔德一如既往地始终在给我提供宝贵的忠告、建议和意见，令我受益匪浅，使得这本书更趋完美。

在本书出版的同时，我与英国巴特沃斯/海恩门出版社（Butterworth/Heinemann）已经密切合作了60年。1939年，该公司的前身威廉·海恩门（Wm. Heinemann）出版社出版了我的第一本书《经济人的末日》(The End of Economic Man)，自那以后，它就是我在英国和英联邦的唯一出版商。我非常重视这种合作关系。海恩门出版社将再次在英国出版我的书，我感到非常高兴。

正如读者在第3章中所看到的，我提倡对新事物进行试点，即在小范围内进行试验。这一次，我说到做到。我对一本新书也采用试点的方式。一种方式是向几个朋友（大多数是老客户）提供早期的草稿和草稿的复印件，要求他们发表中肯的意见。我根据他们的意见和批评反复修改其中的内容，重写某个章节和阐明有关的问题。但是，我发现，在即将出版我写的书之前，先在杂志上预先发表部分章节，这是最好的办法。这样做可谓一箭**双**雕。我可以从读者那儿得到反馈，他们告诉我可能需要修改的内容以及需要我解释和阐明的地方。我要感谢那些就预先发表的内容提供建议、发表意见或进行批评的人，特别要感谢那些（经常大声）提出反对意见的人，他们大多都是陌生人。我对他们所有人都感激不尽。通过预先在杂志上发表部分内容，我的作品有机会得到**编辑**，其中的好处无法估量，这对于我来说是最重要的。这些杂志的编辑在审校、指导、剪辑、修改措辞和调换段落位置的过程中做出了无法估量的贡献。我要特别感谢《福布斯》杂志（Forbes，预先发表了第1章和第4章的第一部分）的吉姆·迈克尔斯（Jim Michaels）和里奇·卡尔加德（Rich Karlgaard）、《加利福尼亚管理评论》(California Management Review，预先发表了第5章的精简版)

的甘德尔斯·斯特拉德斯（Gunders Strads）和《哈佛商业评论》（*Harvard Business Review*，预先发表了第 4 章和第 6 章）的南·斯通（Nan Stone）。在他们的鼎力帮助下，这本书日臻完美。

第1章 | CHAPTER 1

管理的新范式

> 为什么要重视假设——管理是企业管理——一种恰当的组织形式——一种管理人的恰当方式——技术和最终用户是一成不变的和已知的——管理的范围是由法律决定的——管理的范围是由政治决定的——管理是对内部的管理

导言　为什么要重视假设

有关事实的基本假设是管理学等社会科学业已盖棺定论的范式。它们通常存在于学者、作家、教师和社会科学实践者的潜意识中。而且，这些假设在很大程度上也决定了这些学科的学者、作家、教师和其他社会科学的实践者对**事实**的认知。

这些学科研究的方向取决于它们对事实的基本假设。这些假设确定了这些学科对"实际情况"的判定，同时实际上也影响了这些学科对其自身的研究课题的判定。这些基本假设多半也会判断出这些学科可以忽视的观点或者作为"恼人的例外"可以被放置在一边的情况。它们确定了特定学科关注的焦点以及可以忽略或忽视的内容。

早期的管理学学者中最颇有见地的是玛丽·帕克·福列特（Mary Parker Follett，1868—1933）⊖，她的遭遇很能说明问题。由于她提出的假设无法与20世纪三四十年代萌发的管理理论所认定的事实相吻合，因此她生前一直默默无闻，甚至在她去世后，她的著作始终处于被人遗忘的角落，长达25年之久。然而，我们现在发现，她就社会、人和管理提出的基本假设远比当时的管理学学者提出的假设更接近事实，甚至今天的许多管理学专家提出的理论也望尘莫及。

然而，尽管基本假设是非常重要的，但是人们鲜有兴趣对这些假设进行分析、研究和提出质疑——实际上也很少有机会对这些假设予以明确的解释。对于管理学这样的社会科学来说，基本假设的重要性实际上比自然科学的范式的重要性大得多。范式，即主流的一般理论，对自然界毫无影响。无论范式声称太阳绕着地球转，还是地球绕着太阳转，太阳和地球都不

⊖ 请参阅我在《玛丽·帕克·福列特：管理学的先知》（Marry Parker Follett，Prophet of Management）中对玛丽·帕克·福列特的介绍。

会受到影响。自然科学研究的是**客体**的行为，而像管理学这样的社会科学，关注的是**人和社会机构**的行为。因此，社会科学的实践者往往将该学科的假设奉为行动的准绳。自然科学的现实，即物质世界及其规律都不会发生变化（或者如果发生变化，这种改变则是一个漫长的过程，是无法在几十年或几个世纪内完成的），这一点是非常重要的。社会科学不存在这种"自然规律"，它始终处于不断的变化中。这意味着昨天还站得住脚的假设，今天就不再有效，甚至瞬间就变成完全错误的理论。

最近，每个人都宣称团队是做好每项工作的"恰当的"组织形式（早在1954年我就开始提倡这个观点，在我1973年出版的《管理：使命、责任、实践》（*Management：Tasks，Responsibilities，Practices*）⊖ 一书中我特别提到了这个概念）。自法国的亨利·法约尔（Henri Fayol）和德国的沃尔特·拉特瑙（Walter Rathenau）于1900年前后刚刚开始提出组织这个概念起，所有管理理论专家和大多数管理实践者实际上都认同这样一个基本假设，即企业应该具有**一种**恰当的组织形式，或者至少**必须**具有**一种**这样的组织形式。当前关于团队的正统学说就是在这种假设的基础上发展起来的。但是，关于一种恰当的组织形式的基本假设不再站得住脚，这一点最重要，我们将在后面予以

⊖ 此书中文版已由机械工业出版社出版。

讨论，而团队是不是我们要找的真正的"答案"（迄今为止我们没有太多的证据证明）并不重要。

因此，在像管理学这样的社会学科中，最重要的是基本假设，其发生的**变化**也变得越来越重要。

管理学研究真正始于 20 世纪 30 年代，自那时起，大多数学者、作家和管理实践者都认同两套关于管理**事实**的假设。

第一套假设构成管理原则的基础：

1. 管理是企业管理。

2. 企业应该具有，或必须具有**一种**恰当的组织形式。

3. 企业应该采取，或必须采取**一种**管理人的恰当方式。

第二套假设奠定了管理**实践**的基础：

1. 技术和最终用户是一成不变的和已知的。

2. 管理的范围是由法律决定的。

3. 管理是对内部的管理。

4. 按国家边界划分的经济体是企业和管理依托的"生态环境"。

在大部分时间里（至少在 20 世纪 80 年代初之前），除第一个假设外，其余假设，无论是在研究上，还是在著书方面，或是在教学上，或在管理实践方面，都与事实非常接近，具有可操作性。但如今，所有这些假设都已不再有效。它们几乎成为被讽刺的对象。它们现在与现实相差得太远，以至于成为阻碍管理理论发展的障碍，更有甚者，它们还严重地妨碍了管理实践。实际上，事实越发与这些假设提出的观点背道而驰。因此，现在正是重新审视这些假设、提出和向管理理论的研究与实践注入**全新假设**的最佳时机。

管理是企业管理

对于大多数人来说，不论身处管理领域内外，这个假设都是不言而喻的。实际上，管理文章的作者、管理实践者和外行人甚至从来就没有注意到"管理"这个词；他们自然而然地认为是"**企业管理**"。

这个关于管理范畴的假设是最近才提出的。1930年以前，屈指可数的几位关注管理学的作者和思想家（从20世纪初的弗雷德里克·温斯洛·泰勒（Frederick Winslow Taylor）到第二次世界大战前的切斯特·巴纳德（Chester Barnard)），都认为企业管理只是一般管理理论的一个分支，基本上与管理任何其他组织一样没有什么分别，就像两个不同品种的狗同样是狗一样。

首先在实践中应用管理理论的不是企业，而是非营利机构和政府机构。发明"科学管理"的泰勒（1856—1915）十有八九还创造了"管理学"和"顾问"等术语，当时的含义仍然沿用至今。在他的名片上他称自己为"管理学顾问"，他解释说，他有意选择这些新奇的词汇，目的就是让潜在的客户注意到他提供的是全新的服务。但是，1912年，当他在国会作证时，为了"恰当地举例说明""科学管理"，泰勒没有提到一家企业，他提到的却是一家非营利机构——梅奥诊所，这时美国才第一次了解了管理。泰勒的"科学管理"没有在企业中得到最引人注目的应用，相反却在国有和国营的美国陆军沃特敦兵工厂（Watertown）的应用产生了最大的轰动效应（虽然迫于工会压力而被迫放弃）。

当"经理人"（manager）一词首度成为职业时，企业并不是第一个吃螃蟹的人，当时称作城市经理人（city manager），是美国人在20世纪初发明的，当时的含义至今未变。第一次有意识地、系统地应用"管理原则"同样也不是出现在企业中，而是在1901年西奥多·罗斯福（Theodore Roosevelt）的国防部长伊莱休·鲁特（Elihu Root）改编美国陆军时，"管理原则"得到了第一次应用。

1922年在布拉格召开的第一次管理学大会的组织者不是企业界人士，而是时任美国商务部长的赫伯特·胡佛（Herbert Hoover）和世界著名的历史学家及捷克斯洛伐克共和国的第一任总统托马斯·马塞里克（Thomas Masaryk）。玛丽·帕克·福列特大概是在同一时期开始撰写管理学著作的，她也没有对企业管理和非营利性机构的管理加以区分。她认为所有这些原则都适用于对任何组织的管理。

自美国大萧条时期起,人们就认为管理是对企业的管理。当时人们对企业充满敌意,对企业主管充满蔑视。为了不与企业混为一谈,公共部门的管理开始自立门户,名称改为"公共管理"(public administration),属于一门单独的学科,他们在大学里设立科系,使用自己的术语,有自己的职业升迁体系。同时,出于同样的原因,在发展迅速的医院中开始进行的管理研究(如通用汽车公司的总裁阿尔弗雷德·斯隆(Alfred Sloan)的弟弟雷蒙德·斯隆(Raymond Sloan)从事的研究)从广义的管理学中分离出来,成为一门单独的学科,称为"医院管理"(hospital administration)。

换句话说,不使用"管理"这个词是在大萧条时期"在政治上做出的正确选择"(political correctness)。

然而,第二次世界大战后,风向开始转向了。到1950年,由于美国的企业管理在第二次世界大战期间发挥了很大的作用,因此在很大程度上使得企业成为一个"非常时髦的词汇"。随后不久,企业管理"在政治上成为一个正确的"研究课题。从那时起,普通大众和学术界就一直将管理视为"企业管理"。

然而,我们现在开始纠正这个犯了60年的错误,包括:许多"商学院"摇身一变变为"管理学院",这些学院提供的"非营利管理课程"如雨后春笋般地冒了出来,以企业和非营利性机构的高级管理人员为招生对象的"高级管理人员管理课程班"大量涌现。

尽管如此,认为管理就是企业管理的假设仍然没有被动摇。因此，提出和大声地喊出"管理**不等于**企业管理"具有非常重要的意义，就像医学不等于产科学一样。

当然，不同组织有不同的管理方式，毕竟，使命决定战略，战略决定组织结构。管理连锁零售店和管理天主教教区的方式肯定是不同的（尽管存在这样一个令人惊异的现象，即这种差异比连锁店或主教认为的要小得多）；空军基地、医院和软件公司也有不同的管理方式。但是，最大的差异体现在各类组织使用的术语上。然而，这些差异主要应该体现在应用上，而不应该体现在管理原则上。不同组织的任务和挑战也不存在巨大的差异。例如，所有这些组织的高级管理人员在解决人事问题上花费的时间相差无几，而且他们总是面临几乎相同的人事问题。在这些组织关心的问题中，90%左右的问题都是普遍性问题。对于最后10%的问题，企业与非营利性机构之间的差异与不同行业的企业之间（如跨国银行与玩具制造企业）的差异并无太大差别。在所有组织中，无论是企业还是非营利性机构，只有这最后10%的管理问题才是这些组织所独有的使命、文化、历史和专业用语需要解答的问题。

在21世纪，由于发达国家继续保持增长势头的部门多半不可能是企业，而且事实上，企业也不是20世纪发达国家保持增长势头的部门，因此关于管理不等于企业管理的提法变得尤其重要。现在在所有发达国家中从事经济活动，即在"企业"中就业的人口，在整个人口中所占的比例与100年前比降低了许多。那时，所有参加工作的人都是通过参与经济活动（如务农）来谋生的。20世纪，发达国家保持增长势头的部门是"非营利性机构"，即政府、脑力劳动者、卫生保健和教育部门。100年来（或至少在第一次世界大战后），作为提供就业机会和生活来源的企业的数量逐步减少。据我们预测，21世纪，发达国家保持增长势头的部门将不是"企业"，即有组织的经济活动，而很可能是非营利性社会部门。同时，这些部门也是今天最需要管理的部门，通过实施有系统、有原则和以理论为指导的管理，这些部门可以在最短的时间里产生最大的能量。

因此，通过对**假设**的分析，我们总结出第一个结论，而管理学只有建立在这个结论的基础上，对它的研究和实践才能结出丰硕的成果：

管理是所有组织所特有的和独具特色的工具。

一种恰当的组织形式

19世纪末期，凤毛麟角般的大型组织（如企业、政府的行政机构和庞大的现役部队）的突然出现促使人们开始重视管理和管理研究。

一个多世纪以前，对组织的研究就开始以下面一个假设为基础：

企业应该具有，或者必须具有一个恰当的组织形式。

这"一个恰当的组织形式"所指的内容发生了多次变化。但是，对这样一个恰当的组织形式的探索一直延续到今天。

法国的亨利·法约尔（1841—1925）在新旧世纪交替之际，第一次着手处理企业的组织结构问题。他管理的煤矿开采公司是当时欧洲最大的企业之一，同时也是管理不善的企业之一（然而，他的著作直到1916年才问世）。大约在同一时期，在美国也出现了第一批研究组织形式的管理实践者，包括约翰 J. 洛克菲勒（John J. Rockefeller）、J. P. 摩根（J. P. Morgan），特别值得一提的是安德鲁·卡内基（Andrew Carnegie），他的学说现在仍然值得研究，而且其影响力最持久。不久，如上所述，伊莱休·鲁特（Elihu Root）将组织理论应用到美国陆军，而鲁特曾担任卡内基的法律顾问。同时，1870年创办了德意志银行（Deutsche Bank）的格奥尔格·西门子（Georg Siemens，1839—1901）采用其好友法约尔的组织概念，拯救了奄奄一息的西门子电气公司（大约在1895年），该公司是由其堂哥沃纳·西门子（Werner Siemens，1816—1892）一手创建的，但在他去世后却变得群龙无首。

然而那时，许多人还没有清楚地认识到组织结构的必要性。

  弗雷德里克·温斯洛·泰勒根本没有认识到它的必要性。在他去世之前，他曾经撰文提出"业主及其帮手"的概念。亨利·福特（Henry Ford，1863—1947）就是根据这个概念，即没有结构的概念，尝试管理当时世界上最大的制造公司（在进入20年代末期前，这个称号保持了许多年），直至其去世。

  自第一次世界大战起，人们才开始认识到正式的组织结构的必要性。但是，同样也是因为第一次世界大战，人们发现法约尔（和卡内基）的职能型组织结构（functional structure）不是一个恰当的组织形式。第一次世界大战刚刚落幕，皮埃尔·杜邦（Pierre S. Du Pont，1870—1954）和阿尔弗雷德·斯隆（1875—1966）先后提出"分权化管理"（decentralization）的概念。因此，我们最近几年一直在宣传"团队"是一个适合做一切事情的恰当的组织形式。

  然而，我们此时应该清楚地认识到，所谓一个恰当的组织形式是不存在的，只有多种多样的组织形式，每个组织形式都有独特的优势、局限性和特定的应用方式。我们认识到，组织不是绝对的，它是提高人们在一起工作的效率的工具。同样，一个特定的组织结构是与在特定的条件下、在特定的时间内执行特定的任务相匹配的。

现如今，关于"等级制度已经终结"的声音不绝于耳。这显而易见是不对的。任何机构都要有能拍板的负责人，即"老板"，他可以做出最终的决策，可以要求其他人遵守这些决策。当集体处于危难之际时（每个机构迟早都会遭遇这种情况），所有成员只有遵循明确的指令才能幸免于难。如果船要沉了，船长不会召集大家开会，他只能选择下命令。如果要挽救这艘船，每个人都必须服从命令，必须准确无误地知道向哪里撤退和采取什么行动，而且在服从命令的同时不得"参与"决策或提出任何异议。集体的所有成员摆脱困境的唯一希望就是"等级制度"和毫不犹豫地接受它。

有些情况下机构需要深思熟虑，有些情况下机构需要团队协作。

组织理论认为，所有机构都具有相似的性质，因此应该采用相同的方式组织整个企业。

法约尔提出了一个"典型的制造企业"的假设。20世纪20年代，阿尔弗雷德·斯隆采用完全相同的方法组建通用汽车公司的所有拥有自主权的部门。30年后，即20世纪50年代初，（美国）通用汽车公司在大规模重组的过程中，组建一个只有几十名研究人员，仅仅为美国空军执行开发任务的"麻雀型"科室，其组建方法必须与组建拥有几千名员工和制造标准产品（如在厨房使用的烤面包机）的庞大"队伍"的方法相同，否则仍旧会被视为"旁门左道"。"麻雀型"开发小组实际上五脏俱全，制造经理、人事经理、财务经理和公共关系经理各有一个人员配置。

但是在任何一个企业中，即使是在法约尔的"典型的制造公司"中都需要许多不同类型的组织结构并存。

在经济全球化的今天，外汇风险管理日趋成为一项重要而艰巨的任务，需要采取完全集权化的管理方式。企业中的任何一个部门无法单独处理本部门的外汇风险。但是，同一个企业，在向客户（特别是高科技领域的客户）提供服务时，需要拥有几乎完全独立的自主权，独立的程度超过了传统意义上的分权化管理方式。每一个服务人员都需要成为"老板"，企业的其他部门围绕服务人员的指令开展工作。

某些形式的研究活动需要标准的职能型组织，各类专家"各司其职"，独立开展工作。然而，其他种类的研究活动，特别是前期需要决策的研究活动（如某些医药项目的研究活动），从一开始就要求团队协作。同时，这两种研究活动经常是同时进行的，而且是同一个研究机构的项目。

认为"企业必须具有一种恰当的组织形式"的观点与"管理是企业管理"的错误观点有着千丝万缕的

联系。假如早期学习管理的学生没有被这个错误观点所蒙蔽，假如他们有机会考察一下企业以外的机构，他们就会发现，不同性质的任务使得不同的组织结构之间存在着巨大的反差。

组织实际上也有一些"原则"需要遵守。

第一条原则：组织必须是透明的。员工需要知道和了解他们在什么样的组织结构中工作。这听起来非常合情合理，但是大多数机构（甚至在军队中）多半做不到。

如上所述，第二条原则：在某些方面，组织里必须有人拥有最后拍板的权力，在面临"危机"时必须有人站出来掌控全局。这条原则也是合情合理的，同时说明权力与责任应该是对等的。

在组织中，一个人只应有一个"领导"。这也是一条合情合理的原则，恰好与古罗马的一句谚语不谋而合："有三个主人的奴隶就是自由人。"一条关于人际关系的古老原则也说："不要陷入'一女嫁二夫'的困境。"说明"领导"超过一个，就会陷入这种困境（顺便说一下，正是这个原因造成现在广泛采用的"小编制的爵士乐团"（4～7人，Jazz Combo）型团队在实行上困难重重，在这种团队中，每个人都有两个领导，一个是专业领域（如工程）的领导，一个是本部门的领导）。管理层次越少越合理、越有条理，即组织的结构要尽可能的"扁平"，与"每一次接收与发送，噪声增加一倍，信息减少一半"

的信息理论有异曲同工之效。

但是这些原则没有告诉我们应该做什么，只告诉我们不应该做什么。它们没有告诉我们哪些原则行之有效，只告诉我们哪些原则不太可能有效。这些原则与建筑师遵守的工作原则没有什么太大的差别。它们也没有告诉建筑师盖哪种建筑，只告诉建筑师要注意哪些限制因素。这差不多就是不同的组织结构原则要做的事情。

启示：每个人都可以同时在不同的组织结构中工作，可以在团队中执行一项任务，但同时也可以在领导的指挥与控制下执行另一项任务。在组织中以"老板"身份出现的人在企业联盟、少量参股的企业和合资企业等组织中又扮演"合作伙伴"的角色。换句话说，组织应是管理层使用的工具之一。

更重要的是，我们需要继续研究不同组织的优点与缺点。什么样的组织最适合执行什么样的任务？什么样的组织最不适合执行什么样的任务？在执行某项任务时，我们需要从一种组织形式转换到另一种组织形式吗？

这样的分析可能是目前"符合主流潮流的"组织形式（团队）最需要的。

现在一种普遍的观点认为，企业只有一种团队，即小编制的爵士乐团，适用于执行一切任务。实际上，我们发现了至少几种或十几种非常不同的团队，每种团队都有自己的应用领域、局限性和困难，都需要采取不同的管理方式。有证据显示，现在广泛采用的"小编制的爵士乐团"型团队面临的困难最多，最难实行，缺点也最难克服。除非我们确定，并很快地确定什么样的团队适合执行什么样的任务，什么样的团队不适合执行什么样的任务，否则不出几年，团队的声誉就会一落千丈，成为"另一场昙花一现"。然而，团队还是非常重要的。在合适的地方，在能够发挥团队作用的场所，团队是最有效的组织形式。

当然，我们必须研究和采用"混合型"组织结构，不能只重视"纯粹的""一个恰当的组织形式"，而组织理论和大部分的组织方法仍旧将后者奉若神明。

举例：十几位训练有素的医护人员做心脏手术，如心脏搭桥手术。他们可以被视为纯粹的法约尔式职能型组织，实际上也最能代表这种组织。每个成员都各司其职，都只负责一项工作，绝不插手其他事情。这个组织中有主治医生，有两名助理医生，有麻醉师，有两名护士帮助患者做术前准备，有三名护士提供术中帮助，有两三名护士和住院医生负责特护病房，有操作心肺仪器的呼吸科技术人员，还有三四名负责电子仪器的技术人员。然而，这些医护人员被认为是一个"团队"。他们也的确是一个团队，没有人发号施令或说一个字，但每一个成员可以马上根据手术的节奏、进度和速度出现的最细微的变化，改变他们工作的**方式**，以配合他人顺利完成手术。

最高管理层的组织形式是特别需要调查研究的一个方面。

美国宪法开创了有意识地设计最高管理层职责的先河，实际上自那时起，人们开始关注组织。这样的设计确实第一次解决了政治社会中最古老的、此前的政治体制始终没有解决的组织问题，即继承问题。美国宪法明确规定，在这个职位上始终要有一位完全合法的、经过充分授权的和准备充分的首席执行官，然而，他不能像昔日的皇太子那样对现任者的权威虎视眈眈。至于最高管理层的结构，在非政治性组织中也是先有实践，后有正式的组织理论。我在前面已经提及的、创办德意志银行的西门子，提出了一种由地位相同的合作伙伴组成的团队，每个成员**在职务上**都是专家，在自己的专业领域里几乎拥有全部的自主权，而整个团队选出一名"发言人"，他不是"老板"，而是"负责人"。在德国，它至今仍旧是最高管理层的法定结构（在中欧和北欧，这种结构稍微有些变化）。西门子通过实施正式的组织结构，还挽救了他堂兄弟的电气公司（德意志银行和西门子电气公司在各自的行业内仍旧是德国最大的企业）。

然而，如果有人说我们真的很了解如何组织最高管理层的职责，无论是在企业中，还是在大学中，或是在医院中，我都会表示怀疑。

我们的言行越来越不一致，这是一个尽人皆知的现象。我们喋喋不休地谈论"团队"，每一个研究项目都得出这样一个结论，即最高管理层的确需要一个"团队"去履行它的职责。然而，现在对超人般的首席执行官（CEO）的"个人崇拜"浪潮席卷了各个角落，不仅仅限于美国企业界。在我们对这些传奇般的CEO顶礼膜拜的同时，似乎丝毫没有人注意到这样一个问题，即这些CEO及其接班人如何和通过什么程序完成交接工作，而接班人问题始终是任何最高管理层的最大挑战，是任何机构面临的最大考验。

换句话说，即使组织理论和组织实践是管理学中有组织的研究及有组织的实践历史最悠久的两个方面，但是在这些方面，我们仍旧需要做大量工作。一个世纪以前的管理学先驱们说的没错，企业需要组织结构。现代企业和非营利性机构，无论是企业、行政机构、大学、医院，还是人员编制众多的军队，都需要组织，就像除变形虫之外的任何生物有机体都需要结构一样。但是，先驱们提出的假设（企业具有或应该具有一个恰当的组织形式）却是错误的。生物有机体的结构千变万化，而社会有机体（即现代机构）也有各种各样的组织。与其探寻恰当的组织形式，管理学界不如学会寻找、发展和检验：

适合有关任务的组织形式。

一种管理人的恰当方式

在人们心中，有关人和对人的管理的基本传统假设早已根深蒂固、深入人心（虽然大部分是潜意识上的），其他方面的假设无法望其项背。这些假设完全与事实不符，全然达不到预期的作用，其他方面的假设也无法与之相提并论。

"企业采取或至少应采取一种管理人的方式。"这个假设几乎成为有关对人的管理的所有著作或论文的基石。

道格拉斯·麦格雷戈（Douglas McGregor）的著作《企业的人性层面》（*The Human Side of Enterprise*，1960年）引用这个假设的次数最多。在这部著作中，他认为管理人员在管理人的时候只能选择两种不同的方式："X理论"和"Y理论"，随后他认为只有Y理论是合理的（我在我 1954 年出版的著作《管理的实践》(The Practice of Management) 中也谈到了同样的问题）。几年以后，亚伯拉罕 H. 马斯洛（Abraham H. Maslow, 1908—1970）在他的著作《优心管理》(Eupsychian Management, 1962 年出版；1995 年再版，书名为《马斯洛论管理》(Maslow on Management)) 中称，我和麦格雷戈都说错了。他不容反驳地说，企业需要采取不同的方式管理不同的人。

我立即改变了我的观点，马斯洛的证据简直无法抗拒，但是至今鲜有人重视。

这个基本假设，即企业有或至少应有一种和唯一一种管理人的方式，奠定了有关组织中的人和对人的管理的所有其他假设的基础。

在这些假设中，有一个假设认为，为组织工作的人是组织的雇员，全天工作，组织是他们生计和事业的依靠。另一个假设认为，为组织工作的人是组织的下属。实际上，有一种观点认为，这些人中大多数人要么什么技能也没有，要么只掌握初级的技能，组织要他们干什么，他们就干什么。

第一次世界大战期间，当这些假设第一次出现时，它们非常符合事实，因而被认为是正确的假设。今天，它们都不再站得住脚。大多数为组织工作的人可能仍旧是组织的雇员。然而少数人，虽然也为组织工作，但他们不再是组织的雇员，更不用说全天工作了。这些人的数量也不算少，而且还在稳步上升。他们为外包承包商工作，如在医院或制造企业中提供维护服务的外包公司，或帮助政府机构或企业管理数据处理系统的外包公司。他们是"临时雇员"或兼职人员。越来越多的人成为赚取咨询费或在规定的合同期内工作的个人承包商；这尤其符合部分人的实际情况：他们为组织工作，知识最渊博，因而是最有价值的人。

即使成为组织的全职雇员，作为"下属"的人却越来越少——即使他们从事相当低层的工作。他们逐渐成为"知识工作者"（knowledge worker）。同时，知识工作者不是下属，他们是"合作者"。在实习期过后，知识工作者必须比老板更了解他们的工作，否则他们一文不值。事实上，在知识工作者的定义中也提到，"他们比组织中的任何其他人更了解他们的工作"。

> 为客户提供服务的工程师没有工程经理更了解他们的产品，但工程师更了解客户，这可能比有关产品的知识更重要。空军基地的天气预报员在级别上远低于空军基地的指挥官。但是，在天气预报知识方面，除非他比空军基地的指挥官知道得多得多，否则他一无是处。维修客机的机械师比管理他的、航空公司的机场经理更了解飞机的技术状况。同样的例子不一枚举。

此外，今天的"上级"通常没有做过他们的"下属"做的工作，而几十年前的情况及现在许多人仍然持有的观点，正好与现实南辕北辙。

仅仅在几十年前，军队里的团长还曾经做过下属做的每一项工作：营长、连长和排长。从级别低下的排长到高贵的团长，这些岗位的唯一不同之处就是他们指挥的人数；他们所做的具体工作完全相同。今天的团长在军旅生涯的早期就开始指挥部队，但持续的时间不会很长。他们也曾经由上校和少校晋升到现在的职务。但是在大部分军旅生涯中，他们曾经做过各种各样的工作：做过参谋、参与过研究项目、教过书、在驻外使馆工作过，等等。他们只不过不再想当然地认为他们了解他们的"下属"（指挥一个连的上校）所做的工作或准备做的工作，当然他们也当过上校，但是他们可能从没有指挥过一个连。

同样，负责市场营销的副总裁或许也是在销售部门按部就班地晋升到这个职位。他们非常了解销售，但他们对市场调查、定价、包装、服务和销售预测等一无所知。因此，营销副总裁可能无法告诉营销部门的专家应该做什么和怎么做，但是这些专家却是营销副总裁的"下属"，而营销副总裁无疑要负责监督他们的工作绩效，督促他们为公司的营销工作做出他们的贡献。

同样的道理也适用于医院的院长或医疗总监，他们要管理在临床实验室或理疗部门工作的、训练有素的知识工作者。

当然，这些合作者也是"下属"，因为他们的聘用、解雇、升迁和评级都取决于"老板"。但是在他们自己的工作上，只有这些所谓的"下属"承担起教育上级的责任，即帮助"上级"了解市场调查或物理治疗法的内容、具体的程序和各自的"效果"，上级才能发号施令。反过来，这些"下属"需要上级下达命令。他们希望上级告诉他们，他们能得多少"分"。

换句话说，他们的关系与其说属于传统的上下级关系，不如说就是交响乐团指挥与乐器演奏者之间的关系。组织中聘用知识工作者的上级，通常不会做所谓的下属做的工作，就像乐队的指挥不会演奏大号一样。反过来，知识工作者需要上级发号施令和给整个组织打"分"，即规定标准、价值、绩效和效果。正如交响乐团会影响到最才华横溢和最独断专行的指挥的指挥质量一样，知识型组织也可以轻而易举地降低最精明能干的上级的管理质量，最独裁的上级就更不用说了。

总而言之，企业需要采用管理志愿者的方式来管理越来越多的专职雇员。当然要支付他们的工资。但是知识工作者具有流动性,他们可以抬腿就走。他们拥有"生产资料",即他们掌握的知识(请参阅第6章)。

自50年前起,我们就知道,金钱不足以激发人们产生工作的动力。人们显然会因对金钱的不满足感而产生消极情绪。然而,40年前,即1959年,弗雷德里克·赫茨伯格(Frederick Herzberg)在他的著作《工作中的激励因素》(*The Motivation to Work*)中指出,对金钱的满足感主要是一个"保健因素"。激励人们工作的因素,特别是激励知识工作者工作的因素,就是激励志愿者工作的因素。我们知道,由于志愿者不领取工资,因此他们从工作中获得的满足感必须比领取工资的雇员多。最重要的是,他们需要挑战;他们需要了解组织的使命和对使命深信不疑;他们需要不断的培训;他们需要看到结果。

上述论述暗指,企业要采取不同的方法管理不同类型的劳动者,而且相同类型的劳动者的管理方法需要因时制宜。企业越来越需要采取管理"合作者"的方法管理"雇员",而合作关系(partnership)的定义也指出,在地位上,所有合作者都是平等的。合作关系的定义还指出,不能向合作者发号施令,他们需要被说服。因此,管理人的工作日益成为一项"销售工作"。在销售的过程中，我们不会首先问"我们想要什么"，而是会问"对方想要什么，他们有什么样的价值标准，他们的目标是什么，他们需要什么样的结果"。这些都不是"X理论""Y理论"或任何其他管理人的理论可以解答的。

我们或许不得不完全推翻"对人的管理"的定义。它可能不是指"管理雇员的工作"。"以绩效为目标的管理"应是理论与实践的出发点。出发点应放在对结果的定义上，这与交响乐团的指挥和橄榄球教练的出发点是成绩一样，有异曲同工之效。

知识工作者的生产率很可能成为对人的管理的中心，正如100年前（即弗雷德里克 W. 泰勒那个年代）这个中心是围绕体力劳动者的生产率展开的一样。最重要的是，这要求人们对组织中的人及其工作提出截然不同的假设：

管理不是"管理"人。

管理是领导人。

管理的目标是充分发挥和利用每个人的优势和知识。

技术和最终用户是一成不变的和已知的

上述四条主要假设自始至终都是管理**实践**的基础，实际上比管理学的历史都长。

关于技术和最终用户的假设，在很大程度上奠定了现代企业和现代经济崛起的基础。这些假设要追溯到工业革命的早期。

当纺织业首先从家庭手工业中脱离出来时，社会上普遍认为纺织业拥有属于自己的、独一无二的技术，而且这种观点绝对是正确的。同样的观点也适用于采煤业和18世纪末期19世纪上半叶出现的任何其他工业。德国人沃纳·西门子是认识到这一点，并在此基础上发展宏伟事业的第一人，而且在第一批创办具有现代企业雏形的工业组织的先驱者中也有他的身影。在上述观点的指引下，他于1869年率先聘用在大学深造过的科学家创办了一个现代研究实验室，专门从事科学研究，即我们今天的电子学。他当时清楚地认识到电子学（当时称之为"低压"）与其他工业截然不同，拥有独特和独立的技术。

在这个远见卓识的基础上不仅诞生了西门子自己的公司和自己的研究实验室，而且还催生出德国的化学工业。由于德国的化学工业是建立在这样的假设基础上的，即化学，特别是有机化学，拥有其独特的技术，因此当时在全世界独占鳌头。随后，世界上的所有其他大公司也是在这个远见卓识的基础上纷纷涌现出来，包括美国的电气和化学公司、汽车制造公司和电话公司等。在此之后，19世纪最成功的发明（研究实验室）也因此产生，最近的一个是距西门子创办实验室后差不多一个世纪，即1950年IBM成立的实验室。与此同时，在第二次世界大战后发展成为跨国企业的各大医药公司也纷纷创办研究实验室。

如今，这些假设已经再也站不住脚了。当然医药行业最能说明问题，它们日益需要采用与医药研究实验室采用的技术根本不同的技术，如遗传学、微生物学、分子生物学和医疗电子学等。

但是，汽车制造行业面临同样的问题，即越来越多地采用电子技术和计算机。钢铁工业也有相同的遭遇，即日益重视材料科学，而早期的钢铁公司对材料科学一无所知，即使现在，仍旧有很多公司忽视这门科学。造纸行业也是如此。同样的例子有很多，在这里不一一枚举。

19世纪及20世纪上半叶，人们想当然地认为本行业以外的技术对本行业毫无影响，如果有，也是微乎其微的。现在，人们开始提出这样的假设，即对本公司和本行业影响最大的技术是本领域外的技术。

当然，人们最初提出的假设是，本公司或本公司所在行业所需要的，自己的研究实验室都可以研制出来。反过来，研究实验室研制出来的，都可以应用到所在的行业。

举例来说，这个假设显而易见是贝尔实验室产生的基础，在最近100年来所有主要的研究实验室中，它是最成功的一个。自20世纪20年代成立起到60年代末,贝尔实验室创造和研制出的每一项新知识和新技术,的确都是电话行业所需要的。同时,贝尔实验室的科学家研制的所有产品,都可以在电话系统中得到广泛应用。在晶体管(可能是贝尔实验室最伟大的科学成就)问世后,情况发生了根本转变。电话公司本身的确采用了大量晶体管。但是,晶体管的主要用途却是在电话系统外。当晶体管刚刚开发出来时,贝尔电话公司对这种情况简直始料不及,以至于几乎白白拱手相让,因为它发现晶体管在电话系统内没有多大用途。但是,它也没有认识到晶体管在电话系统外有什么用途。因此,任何人只需付区区的2.5万美元,就可以买走贝尔实验室研制出的、最具革命性的和最有价值的新技术。如果不是贝尔实验室在这个问题上完全打错了算盘,人们也不会认识到它的这项成就的重要性(电话公司以外的所有现代电子公司实际上都是以晶体管为基础的)。

反过来,有些彻底改变电话系统的东西(如数字交换机或玻璃纤维电缆)也不是来源于贝尔实验室。它们采用的技术与电话技术有着天壤之别。在过去三五十年里,这种事情屡见不鲜,而且在每一个行业都层出不穷。

与19世纪的技术不同,现在的技术不再互不相干。它们经常你中有我，我中有你。某种业内人士几乎没有听说过的技术（如医药行业的人从没有听说过遗传学，更不用说医疗电子学了）却给这个行业及其技术带来了根本性的变革。通常，这种外来的技术会迫使整个行业学习、获取、适应和更新观念，更不用说本行业的技术知识了。关于遗传学的基本假设对于药理学家来说是陌生的，但是遗传学却给医药行业迅速带来了一场革命。同时，遗传学家的思路无法与医药公司的思路吻合，因此，各大医药公司都不能顺利地在各自的研究项目中加入遗传学。他们只能通过与外部企业联合的方式接触遗传学，如参股遗传学公司或与大学的遗传学系签订合作协议。

第二个假设：最终用户是一成不变的。对在19世纪和20世纪初崛起的行业和公司来说发挥了同样重要的作用。对于某种最终用途来说，例如将啤酒倒入容器中，各种各样的容器供应商展开了激烈的竞争。但是，直到不久前，玻璃容器企业才一统天下，而玻璃瓶几乎就是啤酒的唯一容器。

同样，自从有了钢材以后，即从19世纪最后几十年开始，钢材取代了其他材料成为制造铁路铁轨的材料。自从实现了远距离传输电力后，铜就成为制造电线的材料。而且，同样的假设也适用于服务业。企业的信贷需求只能通过商业银行提供的商业贷款来满足。邮局在运输和递送书面和印刷的邮件方面具有"自然垄断"优势。要吃饭，只有两种办法：自己在家做饭或到饭馆吃饭。

不仅企业、各行各业和消费者都接受这个显而易见的假设，而且政府也对此表示认可。美国的企业法就是建立在这样的假设基础上的：每个行业有一种独特的技术与之相对应，每种最终用途有一种特定且独特的产品或服务与之相对应。这些假设是制定反托拉斯法的基础。迄今为止，反托拉斯法仍旧关心的是玻璃瓶对市场的垄断，但几乎没有注意到这样一个事实，即越来越多的啤酒是放在易拉罐里，而不是放在玻璃瓶里（或者，反之亦然，反托拉斯法只关注金属啤酒容器的集中供应问题，丝毫没有注意到存放啤酒的容器不仅仍旧有玻璃瓶，而且越来越多地使用塑料瓶盛放啤酒）。20世纪中叶，美国最高法院裁定，远程通信的方式有两种，而且只有两种，它们是通过电话传输语音和通过电报传输书面文字，它们互相排斥，互不竞争。十年以后，即在大萧条时期，美国国会将投资银行业务从商业银行业务中分离出来，每种业务需要有独立的机构进行管理，有各不相同的最终用途。

但是，自第二次世界大战起，最终用途不再只与某种产品或服务一一对应。塑料当然是第一个打破常规的产品。但是，我们如今清楚地认识到，这不只是一种材料要挤进另一种材料的"势力范围"。我们逐渐可以采用各种不同的方法来满足同一种需求。只有独一无二的需求，而满足需求的方式不是唯一的。

在第二次世界大战初期，新闻报道基本上被报纸所垄断，而报纸这项18世纪的发明在20世纪初期发展得最为迅猛。现在，新闻报道的方式多种多样，而且相互竞争，它们是：仍旧采用印刷方式发行的报纸、越来越多地采用互联网提供在线版本的报纸、广播、电视，只采用电子技术手段提供分类新闻的新闻机构（越来越多地提供经济和商业新闻），等等。

美国在大萧条时期颁布的《格拉斯－斯蒂格尔法案》（Glass-Steagall Act）不仅试图阻止商业银行涉足投资市场，而且还希望防止投资银行从事商业银行业务，从而确保商业银行垄断贷款市场。这项法案原本打算确保涉足商业市场的银行的垄断地位，但结果却事与愿违，将商业市场拱手让给投资银行。在美国法律界经历一次突发事件（最高法院在20世纪20年代做出的裁决）后，"商业票据"（相当于欧洲的汇票）被归为"有价证券"一类。这次事件使得投资银行在1960年后成为商业银行业务的主力军，即投资银行的"商业票据"逐渐取代银行的商业贷款。

然而，在所有发达国家中，增长势头最快的商业信贷机构既不是商业银行，也不是投资银行，而是各种各样的信用卡。信用卡客户虽然人数还很少，但增长势头迅猛，有些人持有许多张卡，有些甚至有25～30张卡。他们使用这些信用卡取得和保有的信贷额度远远超出他们的信誉度。他们似乎不在乎居高不下的利率，反正他们也不打算还清贷款。他们通过巧妙的处理，将未偿还的余额从一张卡转移到另一张卡，这样他们需要支付的利息少得不能再少。因此，信用卡成为过去所谓的"法定货币"。没有人知道这种新型货币有多大规模，但是它显然是一种新型货币。它的数额之大，使得衡量货币发行量的M1、M2和M3等指标都变得毫无意义，而这些指标都是中央银行和经济学家进行理论分析和预测的基础。

此外，信息成为最新的"基础资源"。它与所有其他商品有着天壤之别，它不符合资源稀缺性定理。相反，它符合资源充裕性定理。例如，如果我卖了一本书，我就不再拥有这本书。如果我透露信息，我仍旧拥有信息。实际上，拥有信息的人越多，信息就越有价值。虽然我们清楚地认识到，信息将迫使我们从根本上修改基本经济理论，但是其在经济学上的意义却远远超出了本书的研究范围。但对管理学而言，它的意义却远不止于此。我们不得不逐渐修改基本假设。信息不是任何行业或任何企业的附属品。信息的最终用途不是单一的，任何最终用途也不要求某种特定的信息与之相对应或者依赖于某种特定的信息。

因此，管理学界现在必须从这样的假设入手，即没有一种技术是任何行业的附属品，反之，所有技术在任何行业中都能够实际上也很有可能发挥重大作用，并影响这些行业。同样，管理学界也必须以这样的假设为出发点，即任何产品或服务的最终用途都不是一成不变的，同样，任何最终用途都不是任何产品或服务所特有的。

这个假设也暗示，无论是在企业、大学还是在医院中，非客户（noncustomer）或没有成为客户的人群尽管没有客户重要，但他们越来越显得与客户一样重要。

> 规模最大的企业（政府垄断企业除外）的非客户数量甚至超过了它的客户数量。企业的市场占有率很少能够超过30%。因此，大多数企业的非客户数量至少占潜在市场的70%。然而，对非客户有一星半点了解的企业非常少。知道他们存在的企业就更少，更不用说知道他们是谁了。知道他们为什么没有成为客户的企业少之又少。然而，非客户始终都是变革的原动力。

上述假设还包含另一个重要信息，即管理层的出发点不再是其自己的产品或服务，甚至也不是产品或服务的已知市场和最终用途。出发点应该落在客户认定有价值的方面。出发点应该是这样的假设，即供应商不卖的，就是客户需要的。所有的经验告诉我们，这条假设经得起实践的检验。客户认为有价值的始终都与供应商认为有价值的或认为具有优质品质的方面存在相当大的出入。这条假设不仅适用于企业，并且同样适用于大学或医院。

举例来说，自从1980年以来，乡村巨型教会（mega-church）在美国发展迅猛，成为过去30年中美国社会最重要的社会现象。30年前，它几乎默默无闻，教会数量不超过1000个，总人数在2000人以上。而现在，巨型教会的数量大约有2万个。同时，虽然所有传统宗教派别已风光不再，但是只有巨型教会呈现蓬勃发展之态势。它们成功的原因在于它们重视不参加教会活动的人，它们会征询："什么是最有价值的？"它们发现这些人的价值观与教会过去提供的服务大不相同。现在，数以千计的教徒在平日和星期日聚集到巨型教会，他们最看重的不是宗教仪式，而是精神上的体验，他们同样看重的是在教会里或经教会安排在社区里提供志愿服务，承担管理责任。

换句话说，管理学将越来越多地需要以这样的假设为基础，即技术和最终用途都不是管理政策赖以存在的基础。它们存在着局限性。在可支配收入的分配上，客户的价值观和决策应该才是管理政策的基础。因此，这些基础日益成为制定管理政策和战略的出发点。

管理的范围是由法律决定的

管理在理论上和实践上研究的对象都是法律上承认的实体，即单独的企业，包括营利法人、医院和大学等。因此，管理的范围是由法律决定的。它过去是，现在仍旧是一条几乎放之四海而皆准的假设。

基于命令与控制的传统管理概念，是提出这条假设的原因之一。命令与控制实际上是由法律决定的。企业的首席执行官和医院的院长拥有的命令与控制权没有超出法律对这些机构的约束范围。

差不多100年前，人们才第一次清楚地认识到，法律定义在管理大企业的问题上还存在着不足。

人们通常认为日本人发明了"企业联盟"（Keiretsu）这个管理概念，即企业的供应商与他们的主要客户（如丰田公司）在规划、产品开发和成本控制等方面构成一个有机的整体。但实际上，企业联盟的历史更悠久，它其实是美国的发明创造。它的历史可以追溯到1910年左右，当时，威廉C.杜兰特（William C. Durant，1861—1947）是第一个认识到汽车制造业有潜力成为主流产业的人。杜兰特当时并购了别克（Buick）等汽车制造企业，这些企业规模虽小，但经营得很成功。他将这些企业合并成一个规模较大的汽车制造公司，即后来的通用汽车公司。几年后，他认识到他的公司里还需要有主要供应商的位置。他开始一个接一个地兼并零部件制造企业。1920年通用汽车公司最后并购的费希博德公司（Fisher Body），当时是美国最大的汽车车身制造企业。此项并购案后，通用汽车公司生产的汽车中，有70%的零部件都是由其下属的制造企业生产的，该公司也因此成为当时世界上集成度最高的大企业。通用汽车公司正是得益于企业联盟的原型而在成本和生产速度上拥有绝对的优势，并在短短的几年内成为世界上规模最大和利润最高的制造企业，同时在美国竞争异常激烈的汽车市场上打遍天下无敌手。事实上，通用汽车的成本比其所有竞争对手低30%，包括福特（Ford）和克莱斯勒（Chrysler），这种状况维持了30多年。

但是，杜兰特的企业联盟概念仍旧认为管理就是命令与控制，杜兰特就是基于这个理念买入各种各样的零部件企业，构成通用汽车的企业联盟，而这种结构最后成为通用汽车的最大弱点。杜兰特制订了详细的计划，确保通用汽车下属的零部件供应商具有较强的竞争力。每一个零部件供应商（除费希博德公司外）必须有50%的产品外销，即卖给与通用汽车竞争的汽车制造企业，从而保持它们在成本和质量上的竞争力。但是在第二次世界大战后，这些竞争的汽车制造企业却销声匿迹了，而衡量通用汽车下属零部件制造企业的竞争力的标准也不复存在了。此外，随着工会组织于1936年和1937年在汽车行业出现，通用汽车的零部件生产部门被迫承受汽车装配企业的高额劳动力成本，它们在成本上不再具有优势，而且直至今天，它们也无法克服这一顽疾。"管理就是命令与控制"的假设是杜兰特的企业联盟赖以生存的基础，同时在很大程度上也揭示了通用汽车在过去25年逐渐走上下坡路和无法扭转颓势的症结所在。

20世纪二三十年代在通用汽车之后崛起的西尔斯·罗巴克（Sears Roebuck）企业联盟的缔造者，也清楚地认识到这个法律上的问题。当西尔斯成为美国最大的零售商（特别是在家用器具和五金器具方面）时，它也认识到有必要将主要供应商融入一个集团，在整个经济链中实现统一规划、统一产品开发和设计及成本控制。西尔斯没有采取买入这些供应商的做法，而是买入少数股权，从而以承诺代替投资，用合同维系关系。英国的马莎百货（Marks & Spencer）是在西尔斯之后涌现的企业联盟，它或许是迄今为止最成功的企业联盟（甚至比日本的企业联盟更成功）。从20世纪30年代初开始，几乎所有向其供货的企业都被纳入它自己的管理系统中，成为一个有机的整体,而维系它们之间关系的不是靠控股权或对所有权的控制,而只是一纸合同。

随后,日本人于20世纪60年代有意识地复制了马莎百货的模式。

实际上,即使是集成度最高的企业,它的成本和效益在整个产供销流程的总成本和总效益中所占的比例也相当小。全盛时期的通用汽车,虽然整车中70%的零部件都是自己生产的,但在最后卖给消费者的实际售价中,它只能得到15%,而流通环节要拿走总售价的50%,用以抵消整车出厂后产生的成本。还有10%～15%是各种上交的税金。在剩余的35%中,外部供应商还要拿走其中的一半,即17%。迄今为止,除了20世纪五六十年代处于鼎盛时期的通用汽车外,历史上没有第二个制造企业能够在整个经济流程中占有较大的份额。一般的制造企业的成本和收益在整个经济流程(即客户最终的付款金额)中所占的比例屈指可数,很少能够超过10%。然而,如果管理的范围是由法律决定的,那么企业所掌握的任何信息都只能在这个范围内使用,而且企业的管理企图也只能在这个范围内实现。

在每一个案例中,从通用汽车开始,企业联盟(即许多企业构成一个有机的管理系统，与这些企业的关系是靠经济利益维系的，而不是靠法律上的控制与被控制关系维系的）获取的成本优势至少在25%左右，而且经常达到30%。在每一个案例中，企业联盟在本行业内和在市场上都具有绝对的支配地位。

但是，企业联盟还不够完美，它仍旧是以权力为基础的。无论是通用汽车以及杜兰特在1915年至1920年间并购的独立的小型零部件制造企业，还是西尔斯·罗巴克、马莎百货或丰田公司，它们的中心企业在经济上都拥有无法抗拒的权力。企业联盟的基础不是平等的合作关系，而是供应商的依附关系。

然而，经济链中越来越多地出现了真正的合作伙伴的身影，它们拥有平等的权力，真正具有独立性，比如医药公司与大学的生物系之间的合作关系、第二次世界大战后美国企业到日本开办的合资企业、今天的化学公司、医药公司与遗传学、分子生物学或医疗电子学公司结成的合作关系。这些拥有最新技术的公司规模非常小，而且大多资金匮乏，但它们拥有独立的技术。因此，在技术上，它们是拥有绝对谈判资本的合作伙伴，它们比规模较大的医药公司或化学公司更具有选择合作伙伴的自主权。同样的道理在很大程度上也适用于信息技术和金融业。传统的企业联盟或命令与控制型企业，已不再有用武之地。

因此，我们需要重新规定管理的范围。整个流程应纳入管理的范畴。对于企业而言，这基本上是指产供销的过程。但是，大学的生物系认为自己不是一个经济个体（economic unit），因此不按经济个体的管理方法进行管理。我们也需要采取不同的方式规定其他非营利性机构的流程。在建立整个流程的管理体系方面，美国卫生保健领域走得最远。HMO（卫生保健组织）率先尝试采用合作伙伴管理体制，管理整个卫生保健服务体系，这项计划现在仍处于试验阶段，而且备受争议。

将来，管理，无论是在理论上还是在实践上，日益需要以新的假设为存在的基础，即管理的范围不是由法律决定的。

新的假设应该具有可操作性，应该包含整个流程，应该关注整个经济链的效益和绩效。

管理的范围是由政治决定的

"按国家疆界划分的国内经济是企业和管理、非营利性机构与企业赖以生存的生态环境。"不仅管理学界仍然普遍持有这种观点，而且在管理实践中，大部分人仍旧认为这是理所当然的。

这条假设奠定了传统意义上的"跨国公司"的基础。

众所周知，跨国公司生产的商品和提供的金融服务，在世界总的份额中占有相当大的比例，不仅在第一次世界大战前是如此，而且现在仍旧是如此。1913年，在任何行业（无论是制造业，还是金融服务业）居于主导地位的公司在国外的销售额与在国内的销售额一样多。但是，当这些公司的生产活动发生在自己国家的疆界外时，这些生产活动也可以说发生在另一个国家的疆界内。

例如，在第一次世界大战期间，菲亚特公司（Fiat）是向意大利军队提供战争物资的最大供应商，企业的历史虽不长，但发展很快。意大利军队使用的所有汽车和卡车都是由它提供的。同时期向奥匈帝国（Austro-Hungarian）提供战争物资的最大供应商也是一家称作菲亚特的公司，但位于奥地利的维也纳。奥匈帝国使用的所有汽车和卡车都是由它提供的。由于奥地利和匈牙利的市场比意大利大，而且人口也多，经济更发达，特别是在西部地区，因此它的规模是母公司的两三倍。菲亚特奥地利公司是菲亚特意大利公司的全资子公司。但除了由意大利提供设计外，菲亚特奥地利公司在其他方面可以说是一个独立的公司。它的一切用品要么是在奥地利生产的，要么是在奥地利购买的，生产的所有产品都内销，包括CEO在内的所有雇员都是奥地利人。当第一次世界大战爆发时，奥地利和意大利化玉帛为干戈，因此奥地利人只能变更菲亚特奥地利公司的银行账户，但企业经营一切照旧。

即使汽车行业或金融服务业等传统行业,也不再采取上述组织方式。

不久前,通用汽车的两个欧洲分公司,即德国的欧宝(Opel)和英国的沃克斯豪尔(Vauxhall),还是各自独立的公司,一个在德国进行生产,产品销往欧洲大陆,另一个在英国进行生产和销售。如今,通用在欧洲只有一个公司,在整个欧洲进行设计、生产和销售,由一个欧洲总部进行管理。通用欧洲公司还在南美洲和亚洲设厂,产品还销往美国。通用欧洲公司越来越多地为通用汽车在全世界其他地方的分公司提供设计。反过来,通用汽车美国公司越来越多地为通用欧洲公司和通用巴西公司提供设计和生产产品。全世界的保险公司越来越多地将主要业务交给中枢部门做,如理赔和投资,这些中枢部门为集团的所有企业服务,无论它们在哪里。在这些保险公司中,最杰出的代表是德国的安联保险公司(Allianz)。

在第二次世界大战后,虽然通用汽车和安联现在仍旧按"国内"和"国际"部门组织企业,但是医药或信息等行业的企业越来越多地放弃这种管理方式,而以整个世界为一个体系,按照"跨国"的原则组织各项经营活动,包括研究、设计、工程、开发、测试以及越来越多的制造和市场营销业务。

某大型制药公司在7个不同国家设有7个实验室，它们各有各的侧重点（如抗生素），但都属于一个"研究部门"，都受总部的同一个研究主管领导。该公司在11个国家设有制造工厂，每个工厂都是高度专业化的，都只生产一两类产品，都面向全世界销售。该公司设有1名医疗主管，负责从这11个国家中选择五六个国家测试新药。但是，外汇风险的控制完全集中在一个地方，并对整个系统负责。美国通用电气公司的医疗电子产品部门有3个"总部"，分别在美国、日本和法国，各自负责某个技术领域及其产品（如透视产品，包括传统的X光机或最新的超声波诊断治疗仪）在全世界的业务。各个总部都在十几个国家设有制造企业，每个企业都只向位于世界各地的所有其他工厂供应几个关键零部件。

在传统的跨国公司中，经济现实就是政治现实。按今天的话说，国家是"企业单位"。而在今天的跨国公司以及越来越多被迫转型的老牌跨国公司中，国家只是一个"成本中心"。它不是组织单位、企业单位、战略单位和生产单位，而是一个错综复杂的事物（有关随之而来的问题，请参阅第2章）。

管理和国家疆界不再重叠。管理的范围不再是由政治决定的。国家疆界仍旧是重要的。

因此，最新的假设应该是：

国家疆界主要作为约束机制发挥着重要的作用。决定管理实践的不是政治,而是经营方式。

管理是对内部的管理

所有传统假设都得出一个结论:组织内部是管理的领域。

这条假设阐述了管理与创业精神之间的区别,而没有这条假设,这种区别是无法完全理解的。

在实际的管理实践中,这种区别没有任何意义。任何企业或非营利性机构,如果没有开拓创新精神,没有创业精神,很快就会被社会淘汰。

从一开始,我们就应该清楚地认识到,管理和创业精神只是同一项工作的两个不同方面。不懂管理方法的企业家不会有太大的发展前途。不善于创新的管理人员也不会在这个位置上待得太久。事实上,如第3章所述,今天的企业和任何其他组织必须视变革为家常便饭,要主动创造变革,而不是被变革牵着鼻子走。

但是,创业活动是从企业外部开始的,而且以外部为主。因此,它们与关于管理领域的传统假设格格不入,而这种假设也诠释了人们普遍认为这些活动不是属于不同范畴的东西,就是水火不相容的东西的原因。然而,任何组织如果居然认为管理和创业属于不同范畴(更不用说水火不相容了),关门大吉的日子也就不远了。

随着过去几十年信息技术的兴起，企业越发重视对内部的管理。迄今为止，与其说信息技术为管理提供了有力的帮助，不如说对管理造成了巨大的伤害，我们将在第 4 章中予以更深层次的讨论。

传统的假设认为组织的内部是管理的领域，即认为管理不仅要关注成本，而且要关注行动。因为行动是组织内部唯一存在的事物。同样，组织内部的所有组成部分都是一个成本中心。

但是，任何组织的绩效都只在外部反映出来。

管理的出发点是对组织内部的关注，这是可以理解的。当大型组织首次出现时，即 1870 年左右诞生的企业（也是第一个，而且是迄今为止最显而易见的组织形式），对内部的管理作为一项全新的挑战摆在管理者的面前。谁都没有管理的经历。然而，虽然"组织的内部是管理的领域"的假设最初是合理的假设，或至少是讲得通的假设，但是随后，它的继续存在就不再有任何意义。组织的功能和性质恰好是一对矛盾体。

管理必须侧重于组织的成效和绩效。实际上，管理的第一个任务是规定组织的成效和绩效，而任何有这方面经验的人都可以证明，这实质上是一项最艰巨、最有争议的任务，但同时也是最重要的工作。因此，管理的责任是通过协调组织的资源，在组织外取得成效。

因此，以下最新假设是最新管理范式赖以存在的基础，而最新管理范式，无论是在理论上还是在实践上，又奠定了管理的基础：

　　管理存在的目的是帮助组织取得成效。它的出发点应该是预期的成效，它的责任是协调组织的资源取得这些成效。它是帮助组织在组织外取得成效的工具，无论这个组织是企业还是大学或医院。

结　　论

　　本章的目的是提出问题，而不是解决问题。但是，这些问题都包含一个感悟，即现代社会、经济和社区的中心既不是技术，也不是信息，更不是生产力，而是管理完善的组织，这个组织是产生成效的社会工具。同时管理是帮助组织产生成效的特殊工具、特殊功能和特殊手段。

　　然而，我们需要一个**最终的**和全新的管理范式：

　　只要能影响组织的绩效和成效的，就是管理的中心和责任，无论是在组织内部还是在组织外部，无论是组织能控制的还是完全不能控制的。

第2章 | CHAPTER 2

战略：新的必然趋势

为什么需要战略——越来越低的人口出生率——收入的分配——目前的成长型行业——定义绩效——全球竞争力——经济现实和政治现实日趋分化

导言　为什么需要战略

每个组织都有自己的**经营之道**（theory of the business）⊖，即一套自己的假设，涉及组织的业务、组织的目标、规定目标的方法、组织的客户、客户的价值和客户的需要。

战略将经营之道转化为绩效。它的目的是帮助组织在不可预知的环境中取得预期的成效。战略有助于组织有目的地抓住一切有利机会。

⊖　有关内容请参阅《彼得·德鲁克论管理职业》（*Peter Drucker on The Profession of Management*）第1章"经营之道"。

战略也是对经营之道的检验。若在战略的指导下无法取得预期的成效,这就是需要重新思考经营之道的第一个严重警告。而意外取得成功,也是需要重新审视经营之道的第一个信号。实际上,如果没有战略,"机会"也就不能称其为机会。否则,我们就无法知道什么是真正推动组织实现其预期的成效,什么占用资源,什么分散资源。

但是,在一个千变万化和充满不确定性的时期,如世界正处于世纪之交,什么才是战略赖以存在的基础呢?组织的战略,特别是企业的战略,以什么样的假设为基础呢?有什么必然的趋势吗?

实际上,我们认为有五种现象是必然的趋势。然而,它们有别于目前战略所认定的内容。最重要的是,它们基本上不是经济层面上的,而主要是社会和政治层面上的。

这五种必然的趋势是:
1. 发达国家越来越低的人口出生率。
2. 可支配收入分配上的变化。
3. 定义绩效。
4. 全球竞争力。
5. 经济上的全球化与政治上的分裂显得越来越不协调。

越来越低的人口出生率

在新的必然趋势中,最重要的是发达国家越来越低的人口出生率。它之所以重要，是因为它是史无前例的。西欧、中欧和日本的人口出生率已经降至不足以补充人口更替的程度，即育龄妇女的婴儿出生率低于2.1。在意大利某些最富裕的地区，如博洛尼亚（Bologna），1999年的人口出生率已经降至0.8；日本为1.3。实际上，到21世纪末，日本及所有南欧国家，包括葡萄牙、西班牙、法国南部、意大利和希腊，不知不觉地会走上全民族的"集体自杀"之路。到那时，意大利的人口将从现在的6000万降至2000万或2200万；日本的人口将从现在的1.25亿下降到5000万或5500万。但是，即使在西欧和北欧，人口出生率也已经降至1.5，而且仍在下降。

美国的人口出生率现在也低于2，而且还在稳步下降。由于近几年大量移民涌入美国，这些第一代移民维持了他们原住国（如墨西哥）的人口出生率，因此美国的人口出生率还能保持一定高的水平。

日本和南欧的人口与德国一样已经达到了峰值。虽然2015年以后，增加的只是55岁以上的人口，但美国的人口出生率仍旧会再保持20～25年的增长势头。

人口的年龄分布比绝对的人口数字更重要。2080年，在意大利2000多万人口中，低于15岁的只占很小的一部分，而60岁以上的人将占很大一部分，至少占1/3。在日本，年轻人与高于任何传统退休年龄的人的比例将出现同等程度的比例失衡问题。在美国，年轻人口的增速已经远低于超过传统退休年龄的老年人口的增速。尽管如此，到2015年左右，年轻人口的绝对数量仍然会增加。但随后很可能会走下坡路，而且下降的速度相当快。

美国在第二次世界大战后的经历可以证明，人口出生率可以变化，而且可以变化得很快。但是，即使发达国家的人口出生率能够急剧上升，这些新生儿达到工作的年龄也需要20年左右的时间。除非大量移民空前涌入，否则在发达国家，达到传统退休年龄（即低于60岁或65岁）的劳动力人口急剧下降的势头不可逆转，美国将在2025年以后，其他发达国家将在此之前面对这个现实。

这种情况史无前例。在公元200年或250年后，罗马帝国部分地区的人口出生率可能下降过，但是由于没有统计数字，我们无法考证。更重要的是，超过任何传统退休年龄的老年人比年轻人多，这种人口结构是前所未有的。在部分欧洲国家，我们已经目睹了这种人口结构，而在21世纪中叶前，所有发达国家都将面临这个问题。

至少200年以来，现代世界的所有机构，特别是所有的企业，都认为人口会稳步增加。在西方，人口自1400年以来一直在增加，而且从1700年起至第二次世界大战结束后，增速就非常快。日本的人口自1600年左右，即日本国内战争后，开始增加，1800年左右开始加速，直至第二次世界大战结束后。但是，在所有发达国家，所有机构的战略从现在起必须更多地建立在完全不同的假设的基础上，即人口不断萎缩，特别是年轻人口。

人口老龄化不再是什么新鲜事，现在在所有发达国家，经济学家、政治家和社会大众对这种人口现象已经习以为常了。从18世纪起，或者确切地说，从19世纪起，发达国家的平均寿命就开始增加。人口的平均寿命在过去50年的增速还没有过去150年的增速快。我们也知道怎样应付这个问题。当然，这个问题解决起来非常困难和费力，可能激化矛盾，也可能非常不受欢迎。但是在未来的二三十年中，发达国家的退休年龄将不得不提高到79岁，在平均寿命和健康方面，79岁这个年龄相当于1936年的65岁，而正是在1936年，美国成为西方国家中最后一个实施全国性退休计划（社会保障制度）的国家。

同样，第三世界的人口激增问题现在也不是什么新鲜事。在很大程度上，这个问题与100年前发达国家遭遇的人口激增问题相似，而增速甚至没有比发达国家快多少。现在，大多数第三世界国家的人口增速下降得非常快，可以近乎肯定地预计，第三世界（可能只有印度除外）的人口在出现危机之前就会完全稳定下来。我们知道食品和原材料是最大的危机。我们知道，在洁净的水和清新的空气方面会出现大量问题，总而言之，我们必须在人口与环境之间求得某种平衡。不过，这个问题也不像大多数人认为的那样是新问题。20世纪初，欧洲的一些地方（如德国的鲁尔工业区）就曾经面临同样的问题，随后问题就解决了，而且相当令人满意。

让我们再讨论一下发达国家遭遇的完全史无前例的问题：越来越低的人口出生率。

我们可以清楚地得到以下一些启示。

1. 未来二三十年，人口统计数字将左右所有发达国家的政治生活。它们将不可避免地成为引发重大社会动荡的政治问题。所有国家都还没有找到对策。实际上，各个国家的政治派别和党派还没有就人口引发的问题达成一致意见。延长退休年龄是"右派"还是"左派"？鼓励老人在过了60岁以后继续工作，并免除他们应交纳的部分或全部所得税是"进步的"还是"反动的"，是"自由的"还是"保守的"？

但是，移民带来的政治问题同样令人苦恼，而且可能更令人心烦。发达国家和富裕国家人口下降的同时，大多数第三世界邻国和贫穷国家的人口却与日俱增——对于美国来说，这些国家就是中美洲和加勒比海地区的国家；对于南欧来说，是北非的国家；对于德国来说，是俄罗斯；对于日本来说，是菲律宾、印度尼西亚和东南亚国家。然而，减轻移民压力就像阻止万有引力定律一样困难重重。可是，大规模移民是最易挑起人们情绪的问题，特别是这些移民来自不同的国家，拥有不同的文化和宗教信仰。由于日本的退休年龄仍旧是最低的，它的劳动力市场灵活度不够，而且日本自有历史纪录以来从未批准过任何移民，因此日本面临的混乱局面十有八九将是最严重的。相反，由于美国毕竟是一个移民国家，而且它的劳动力市场的灵活性最高，因此它面临的问题可能是最小的。但是，即使在美国，人口的变化也肯定会引发极大的政治情绪，在政治上带来全新和无法预知的变化。

2. 在未来二三十年，所有发达国家都不会出现稳定的政治格局和强有力的政府。政府的不稳定将是家常便饭。

3. "退休"存在两个不同方面的含义。"提前退休"的潮流很有可能会延续下去，但是并不是指停止工作，而是指劳动者不再从事全职工作，或整年都在组织中任职，他们一次只工作几个月。传统的雇佣关系属于最僵化和最一成不变的关系之一，而现在的雇佣关系很可能会越来越因人而异，越来越灵活，至少对于老人是这样的（有关内容，请参阅第1章和第6章）。在老龄人口从体力劳动者转变为从未靠手工作的阶层，特别是转变为知识工作者的过程中，这种新型雇佣关系将越来越多地成为主流。在美国，这种转变将在2010年左右开始出现，到那时，在生育高峰期间（始于1948年）出生的婴儿将达到传统的退休年龄。在这些人当中，大多数人从事的不是体力劳动，而是脑力劳动，在这方面，他们是人类历史上第一批具有同等经历的人。同时，他们作为全职雇员工作了三四十年后，没有因高强度的体力劳动而变得身心俱疲，他们中的大多数人在体力上和在精神上仍能够发挥余热继续工作。

因此，欧洲和日本需要在工作和就业上大刀阔斧地进行改革。在美国，年轻人的数量仍比较多，因此发生剧变的时间可以推迟到2010年左右。然而，由于美国的劳动力市场最灵活，限制最少，而且老板和雇员都有传统的实验精神，因此美国十有八九是第一个发展出新型雇佣关系的国家。

所以，在美国，提供就业机会的组织（绝不只限于企业）

应尽快试着与老年人，特别是与老年知识工作者建立新型工作关系。率先成功地吸引和留住达到传统退休年龄的知识工作者，并帮助他们充分发挥作用的组织将拥有巨大的竞争优势。任何组织的战略无论如何应基于这样的假设，即今后二三十年，大部分工作，而且是越来越多的工作，包括组织最重要的工作，都将交给已经过了传统工作年龄的人做。他们不应是"上级"或"下属"，他们不分等级，最重要的是，他们不是传统意义上的"雇员"，当然也不是每天到办公室上班的专职工作人员。

4. 最后一个启示是，在所有发达国家中，所有工作者的生产率，特别是所有知识工作者的生产率，无论是全职的还是兼职的，都将迅速提高（有关内容，请参阅第 5 章）。否则，国家及其所有组织都将丧失竞争优势，变得越来越穷。

但是，发达国家中的公司又会得到什么启示呢？

首先，问题在于市场机会会不会因稳步增加的老年人数量而继续存在？存在的时间有多长？在所有发达国家中，老年人是社会中最富有的一群人，在很多情况下，他们退休后的收入比他们退休前多得多。他们的数量会继续增加。但是，他们的收入会居高不下还是会减少呢？他们会继续像以前那样大手大脚地花钱吗？最大的问题是，他们会继续保持"年轻"和按照这种想法花钱吗？对这些问题的回答将在很大程度上决定发达国家的消费市场，并进而影响这些国家的整体经济。

同时，对于经济和企业来说，年轻人口的萎缩，特别是低于 18 岁的人（即婴儿、儿童和青少年）又意味着什么呢？仅仅是威胁吗？或者，它对于某个机构来说，是不是也蕴藏着机会呢？

将来，孩子的数量越来越少，但却蕴藏着巨大的机会，如提升各地学校的质量。迄今为止，只有日本完全认识到，对小孩子的教育是体现国家实力的关键因素，因此小学教师是教育体制中真正重要的组成部分，他们也需要得到相应的待遇、尊重和报酬。

但是，即使是靠生产儿童商品生存的企业，越来越低的人口出生率也可能潜藏着商机。可以想象，孩子越来越少，意味着他们越来越珍贵，家长的大部分可支配收入都要花在他们的身上。

这种现象已经在一个国家出现了，这个国家以降低人口出生率为国策，它就是中国。在大城市，这项限制每个家庭只生一个孩子的政策收到了良好的效果，而且大部分家庭只有一个孩子。许多家庭尽管不富裕，但他们花在一个孩子身上的费用明显比以往花在三四个孩子身上的费用多。在德国和意大利也出现了类似的情况。甚至在美国，中产阶级的人口出生率已经开始下降，他们养育的孩子越来越少，而花在孩子身上的支出明显多出很多。由于认识到和利用了这样的机会，美泰公司（Mattel Company）在推出价格不菲的芭比娃娃（Barbie）后取得了巨大的成功。

越来越低的人口出生率会产生我们今天无法估量的巨大政治和社会影响，想必也会在经济上和商业上带来深远的影响，其中有些影响有待研究，有些有待检验。最重要的是，任何战略都必须以人口统计数字为出发点，而且首先要考虑到发达国家越来越低的人口出生率，而战略就是投入今天的资源实现明天的希望，这也是战略的真正意义所在。在所有重大变化中，越来越低的人口出生率是最惊人的和最意想不到的，也是史无前例的。

收入的分配

可支配收入比例的变化与人口的变化一样重要，但通常却得不到同等程度的关注。实际上，我们可以几乎肯定地说，可支配收入的问题很可能与 21 世纪头几十年人口的变化一样引人注目。

企业和行业现在对它们的市场地位予以高度的重视。它们对销售数据了如指掌，对销售额的上升与下降心知肚明。它们对数量上的增减一清二楚。但是，实际上，它们对真正重要的数字却一无所知：客户（包括其他机构、企业和最终用户）的可支配收入的比例，即购买它们所生产和销售的产品的支出。

可支配收入的比例是所有经济信息的基础。首先，在企业所需要的所有外部信息中（有关内容，请参阅第 4 章），这方面的信息是最容易得到的，而且在制定战略时往往还是最可靠的基础。通常，流向某类产品或服务的可支配收入的分配趋势一旦确立，这种趋势往往会保持一段较长的时间，而且一般不会受到商业周期的影响。

因此，对于组织来说，大趋势的变化是最重要的变化，而且大趋势之中的小变化同样重要，即在同一类产品或服务中，从一种产品或服务转变为另一种产品或服务。

在21世纪头几十年，大趋势和大趋势中的小变化都会发生变化。然而，企业的管理层和经济学家却不太重视可支配收入比例的分配问题。事实上，大多数人完全对它们熟视无睹。

实际上，所有经济学家和大多数企业管理人员都认为，20世纪发生的经济大扩张是经济力量推动的。事实是他们错了；恰好相反，20世纪，在所有发达国家，用于满足物质需求（economic satisfaction）的可支配收入的比例是逐年降低的。

20世纪有4个部门保持发展势头，它们分别是：

- 政府
- 卫生保健
- 教育
- 休闲

其中，休闲产业在经济生产力和产量的巨大扩张浪潮中所占的比例，可能是其他3个部门的总和。

1900年，在发达国家，大多数人每周仍旧至少工作60个小时，每年工作51个星期，即每年大约有8

个节假日，每周工作 6 天。到 20 世纪末，大多数人每周工作的时间不超过 40 个小时（德国是 34 或 35 个小时），每年最多（在美国）工作 47 个星期（即每年大约有 12 个节假日），每周工作 5 天，每年工作的时间从 3000 多个小时降到不足 1500 个小时（德国）和 1850 个小时（美国，最努力工作的发达国家）。

在 20 世纪这 4 个保持发展的部门中，政府对可支配收入的分配的影响恐怕最大。不是因为政府是产品和服务的主要购买者或用户；除了在战时，否则最大的政府也只是一个微不足道的消费者。但是在发达国家，政府的主要经济职能是重新分配 30%～50% 的国民收入。因此，在国民收入的分配上，政府政策的更迭产生的影响最大。

其他 3 个部门（卫生保健、教育和休闲）都是产品和服务（即物资商品）的主要用户。但是它们都不提供物资，即不满足物质上的需求。

而且，所有这 4 个部门都不属于"自由市场"，不按经济学家的供求关系规律运转，尤其"不受价格波动的影响"，总之不符合经济学家认定的模式，或不遵守经济学家的理论。

然而，在发达国家的经济中，即使在最资本主义化的经济中，它们的份额都超过了一半。

因此，这 4 个部门的趋势是战略要考虑的头等大事，而且在今后的几十年，它们肯定要发生剧变。

传统形式上的政府负责征收和重新分配国民收入,现在不应该再保持发展的势头(虽然目前的数字,特别是美国和英国的数字,不支持这种观点)。但是,所有发达国家尽管已经实行"私有化",可它们的政府仍然迅速掌握了最新和非常有效的工具,去影响,而不是控制可支配收入的分配。这种工具就是最新颁布的法规,即通过控制和引导经济资源,实现新的目标,如环境目标。因此,在行业或企业的战略中,首先要考虑的应该是政府。

相比之下,休闲产业是"成熟"的产业,而且是可能"正在走下坡路"的产业。在发达国家,逐步减少每周的工作时间的潮流可能已经接近尾声。实际上,有迹象表明,工作时间有再次增加的可能,特别是在美国和英国。休闲市场曾经是20世纪仅次于军火行业发展最快的市场,现在已经显现出下降的迹象:争夺时间,即争夺休闲市场"购买力"的竞争越演越烈;利润率大幅下降;产品之间的差别越来越小,例如到电影院看电影与在家看录像。

从人口统计数字上看,卫生保健和教育行业应继续保持较大的发展势头。但是在这两个部门内肯定会出现显著的变化,例如,如前所述,从为年轻人提供教育机会,到为受过高等教育的成年知识工作者提供继续教育。同时,在每一个发达国家,卫生保健领域可能出现这样那样的变化,而且变化得更彻底、更迅猛。

对于21世纪的各行各业及行业内组织(无论是企业、大学还是医院）制定的战略来说，20世纪保持发展的部门发生的这些变化意味着什么呢？

要回答这个问题，首先要明确是什么促使一个行业成为"成长型"行业、"成熟型"行业或"走下坡路的"行业。某个行业，如果对其产品（包括商品和服务）的需求比国民收入和/或人口的增速快，它就是"成长型"行业。还是这个行业，如果对其产品或服务的需求与国民收入和/或人口的增速一样快，它就是"成熟型"行业。仍旧是这个行业，如果对其产品或服务的需求比国民收入和/或人口的增速慢，即使它的绝对销售额仍旧继续增加，它都是"走下坡路的"行业。

例如，三四十年前，全世界的乘用车制造业就已经开始"走下坡路"。在1960年或1970年前，它始终是保持发展的行业。到那时，欧洲和日本的汽车拥有量已经达到了顶峰。全世界的乘用车销售总额仍旧保持增长，尽管增长得很慢，但增速比国民收入或人口的增速慢得多。

同样，在第一次世界大战后，或者可能自1900年起，除战时外，花在各种商品上的可支配收入在发达国家及世界经济中的比重，以每年0.5%的速度稳步下降。食品和工业原材料行业的情况也是如此。这意味着，自1900年起，所有商品的价格都保持下降的趋势。

同时，下降的趋势仍旧未扭转。

成熟型行业和走下坡路的行业也可能复苏，再次成为成长型行业。

生产交通物资的行业可能就是这样，例如机车或筑路设备。在发达国家，现有的交通基础设施得不到足够的维护。在新兴国家和第三世界国家，与经济上和人口上的需求相比，交通基础设施的发展已经落后了几十年，中国就是一个绝好的例子。这种状况会像19世纪中叶交通基础设施建设引发经济扩张一样，再次带来一波建设高潮吗？迄今为止，没有迹象表明昔日的场景会重现，但是这种趋势值得关注。

因此，如上所述，可分配收入在分配趋势上的变化（如交通基础设施行业的复苏），既是机遇，又是挑战，在制定战略上，这种变化是最重要的。

目前的成长型行业

现在哪些是成长型行业呢？我们可以从中学到什么呢？

20世纪最后30年全世界增长最快的和最兴旺的行业不是信息产业，而是金融服务业。然而，像金融服务业这样的行业以前根本就不存在，在发达国家，它是一种向富裕的老年人提供退休收入的零售服务。我们在本章开头提到过的人口变化，在很大程度上成为这些新兴的金融服务诞生的主要原因。

在发达国家,最近出现的富庶的中产阶级,特别是那些从事的不是体力劳动,而是提供服务或知识的人,在45岁或50岁时逐渐认识到,现有的退休金不可能帮助他们欢度晚年。因此,从45岁或50岁开始,他们开始寻求各种各样的投资机会,以便在今后的30年拥有足够的生活费用。

然而,这种新兴的成长型行业完全不同于传统的金融行业,如摩根(J. P. Morgan)、花旗(Citibank)或高盛(Goldman Sachs)等面向企业提供服务的银行。新的投资者主要的兴趣不在于"赚钱"或"交易"。他们主要关心的是通过投资一小笔钱,减轻他们退休后的生活压力。认识到这个商机的组织包括共同基金和养老基金的管理机构和少数经纪行。这种服务首先在美国出现,随后是英国,在欧洲大陆和日本市场也越来越多地见到它们的身影,而且业务蒸蒸日上。

然而,大多数传统的金融"巨头"没有认识到"金融服务"的真正含义已经发生了变化。它们只看到"理财服务"在发达国家的可支配收入中占有相当大的比重。因此,它们迅速扩张传统的"公司"业务。但是实际上,这些传统金融服务(包括大额企业贷款或大规模公开发售企业有价证券)的比重并没有增加,并且十有八九正在萎缩，而且萎缩得相当快。根源在于，这个市场主要是大公司的市场。然而，在所有发达国家（甚至在日本），过去20年一直保持发展的部门却是中等规模的企业，同时大型企业所占的比重逐步降低。一般来说，中等规模的企业不是传统的"公司"金融服务的服务对象。

因此，传统的金融巨头在全世界过度扩张。同时由于嫡系的公司业务越来越少，而且争夺越来越小的"蛋糕"的竞争越来越激烈，使得利润少得不能再少，它们发现这些业务不再像以前那样有利可图，因此这些提供公司银行业务的巨头（美国、英国、日本、德国、法国和瑞士等）为了弥补膨胀的管理费用，越来越多地依赖"自营业务"（trading for their own account），即十足的投机。然而，延续了几个世纪的金融业（最早的金融机构雏形发源于15世纪欧洲的梅第奇家族）的经验教训表明，这种行为绝对肯定地只会有一种下场，即灾难性的亏损。虽然这些巨头认为金融服务是一个成长型行业，但却错误地解读了它的发展方向，因此亏损在所难免，同时在很大程度上引发了20世纪90年代中期始于亚洲的金融危机，而且还可能连累整个世界经济。

然而，实际的趋势是新型"零售金融"业务和新型投资者都呈现出增长之势，尽管发生了金融危机，这种趋势仍旧有可能延续下去。至少在发达国家根据本章前半部分论述的最新人口现实改革退休体制前，这种趋势转向的可能性不大。

再举一个例子，同时也是另一个教训。

大家都知道我们所谓的"信息"已经成为一个主要的成长型行业，在所有发达国家和发展中国家，甚至在完全不发达的第三世界国家，它的增速已经超越了国民收入或人口的增速，更恰当地说，它也可以称为"与世界沟通的手段"。当我们听到"信息"这个词时，我们都能联想到"电子"或"计算机"。但是，在过去三四十年里，所有发达国家出版和销售的图书数量在增速上与新型电子产品并驾齐驱（有关内容，请参阅第4章）。世界主要图书出版公司发展得可能没有一些最杰出的电子公司（如美国的英特尔和微软或德国的SAP）快，但是这些公司的增速却比整个电子信息行业快，而且利润更高（有待证明）。可是，虽然美国一直是世界上最大和发展最快的图书市场，但是美国的出版商却没有发现这个市场。因此，美国的许多图书出版社都被外国人收购了（前三强为贝塔斯曼（Bertelsmann）、霍尔茨布林克出版集团（Holtzbrinck）和墨多克（Murdoch））。同时，这些公司逐渐占领了其他国家的图书出版市场，而且发展的速度与它们在美国、日本或欧洲的增速一样快（如贝塔斯曼在中国成立了书友会）。

我们必须根据行业的类型（如成长型行业、成熟型行业或走下坡路的行业）采用不同的方式管理各行各业，无论是企业还是非营利性机构。在成长型行业，对其产品或服务的需求在发展速度上肯定比经济或人口的增速快，因此未来属于成长型行业。它需要成为创新的榜样，需要主动承担风险。在少数或非常少的几个，但却十分关键的领域，特别是在可以通过采用先进技术或提供优质的质量，以极其低廉的成本满足需求的领域，成熟型行业需要成为引领行业发展潮流的风向标。通过管理，它需要具有灵活性和随机应变的能力。成熟型行业需要经常变换满足需求的方式。因此，成熟型行业需要以企业联盟、合作关系和合资企业等方式迅速适应这种变化。

> 例如医药行业。从第二次世界大战前夕发明磺胺药（sulfa drug）和抗生素，到不久前，医药行业一直都是主要的成长型行业。20世纪90年代成为成熟型行业。这说明满足原有需求的方式在短时间内突然发生变化的可能性很高，如从化学药物向遗传学、分子生物学、医疗电子学，甚至向"替代疗法"（alternative medicine）的转变。

在走下坡路的行业，企业首先需要想方设法逐步地、系统化地、有目的地降低成本和稳步提高质量与服务，即巩固企业在行业内的地位，而不是一味地追求数量上的提升，而这只是数量上的此消彼长。在走下坡路的行业中，拉大产品之间的差别变得越来越困难，产品也日趋成为"大路货"，而且这种情况在乘用车制造业迅速成为现实（个别豪华轿车除外）。

总之，只有在掌握可分配收入的分配趋势和任何分配上的变化，并顺势而为后，企业和非营利性机构等组织才能制定相应的战略。他们不仅需要数量上的信息，而且还需要进行定性分析。

定 义 绩 效

英国政治哲学之父詹姆斯·哈林顿（James Harrington，1611—1677。在他之后涌现了洛克（Locke）、休谟（Hume）、伯克（Burke）等哲学家和《联邦主义者文集》（*Federalist Papers*））在他的著作《大洋国》（*Oceania*）中提出了"财富是权力的源泉"的观点。他认为，17世纪40年代爆发的英国大革命的主要原因，是财富从贵族手中转移到大地主的手中。那场革命推翻了独裁政府，建立了代表新兴财富拥有者（地方乡绅）的议会政府。

在过去50年里，人口的变迁改变了所有发达国家的财富分配格局。我们现在开始看到权力的分配也随之发生变化。富裕的（虽然没有发大财）、由非体力劳动者构成的中产阶级的出现和平均寿命的延长，是养老基金和共同基金等金融机构产生的主要原因。现在，在现代发达国家，这些机构成为主要资产

（即上市公司）的法定"拥有者"。

美国是这种现象的发源地（在我 1975 年出版的著作《看不见的革命》(*Unseen Revolution*) 中，我第一次提到了这种现象，该书 1993 年再版，更名为《养老金革命》(*The Pension Fund Revolution*)）。因此，代表将来靠退休金生活的人的利益的机构，现在拥有美国所有上市公司至少 40% 的资产，而且拥有大型上市公司资产的比例可能超过 60%。同样，他们在英国也有资产。同时，他们在所有其他发达国家（如德国、法国和日本等），也开始拥有企业的资产。随着财富上的转移，我们也看到权力在发生转移。

目前，这种现象引起人们对公司治理（governance of corporations）的广泛争论，而这场争论基本上是围绕着"企业的经营活动代表谁的利益"这个中心展开的。同时，财富和权力的转移也成为在公司治理方面明显突出"股东权益"的主要原因。在所有其他发达国家，同样的争论也开始浮出水面。

迄今为止，任何国家都不认为，企业，特别是大企业的经营活动应完全或主要代表股东的权益。在美国，自 20 世纪 20 年代后期开始，人们普遍认为企业的经营活动应均衡地代表各方（客户、员工和股东等）利益。这种观点实际上含糊其辞，也就是说企业不用对任何人负责。英国或多或少地有同样经历。在日本、德国和斯堪的纳维亚半岛，人们一直认为大企业的主要任务是创造和保持和谐社会，其实际的含义是，大企业要代表着体力劳动者的利益。

这些传统观点现在已经过时了。但是，在美国最新出现的观点认为，企业的经营活动应只代表着股东的短期权益。这种观点也站不住脚，而且肯定需要修改。

将来，越来越多的人的经济保障（即安度晚年）日益取决于他们的经济投资，即作为业主取得的收入。因此，企业对绩效的重视会给股东带来最大的利益，同时也不会偏离方向。然而，股东想要的不是眼前的收益（包括所得和股价）。他们需要的是为今后二三十年提供保障的经济回报。但同时，企业将日益需要满足知识工作者的利益，或至少重视他们的利益，以便吸引和留住他们所需的知识工作者，并发挥他们的作用（有关知识工作者的生产率问题，请参阅第5章）。

传统的德国或日本企业代表的是体力劳动者的利益，而将来，体力劳动者会越来越变得不重要，同时，把"和谐社会"作为企业（特别是大企业）的绩效目标的传统观点也随之变得不重要。

因此，现在关于公司治理的争论只是大规模讨论的开始。我们必须重新规定"绩效"在特定企业，特别是大型上市公司中的定义。我们必须学会如何在短期结果（即目前强调的股东价值所指的含义）与企业的长期繁荣和生存之间取得平衡。即使从纯粹的财务意义上讲，我们面临的都是全新的事物，企业需要保持三四十年的生命力，即在投资者达到领取退休金的年龄后，企业仍旧能保持正常经营。这是一个不可思议的目标，太理想化了。成功企业的平均寿命过去都没有超过30年的。因此，我们需要就"绩效"在企业中的含义发展出新的概念。我们需要发展出新的评价标准。但同时，我们需要采用非财务的手段定义绩效，使得绩效的定义能够适合知识工作者的特点，并能发挥他们的作用。这不是一种以财务手段衡量的回报，而是"价值"上的回报。

因此，所有组织都需要思考一下绩效的含义。过去，它的含义显而易见、一目了然。现在这种情况一去不复返了。战略越来越需要以绩效的新定义为基础。

全球竞争力

所有组织都必须将**全球竞争力**视为一项战略目标。任何组织，无论是企业还是大学，或是医院，除非达到本行业表现优异的组织（无论位于世界的哪个地方）设定的标准，否则是没有生存希望的，更不用说取得成功了。

启示：企业或国家不再有可能将经济的发展寄托在廉价的劳动力上。除了规模最小和完全只在当地经营的企业（如当地的小饭馆）外，对于劳动力成本较低的企业来说，除非其雇员的生产力能够在短期内与本行业表现优异的企业（无论位于世界的哪个地方）保持在同一水平线上，否则是不可能生存的，更不用说兴旺发达了。制造业的情况尤其如此。在发达国家的大多数制造行业中,体力劳动者的成本在总成本中所占的比例越来越小,在1/8左右或更低。较低的劳动生产率威胁到企业的生存。但是,低廉的劳动力成本不再使企业具有成本上的优势,也无法抵消较低的劳动生产率带来的劣势。

这(如第1章所述)也意味着,20世纪的经济发展模式(即1955年后首先由日本提出,然后被韩国和泰国成功效仿的模式)不再行之有效。尽管新兴国家拥有大量只能从事简单体力劳动的富余年轻劳动力,但是这些国家的经济发展从现在起必须依靠领先的技术(如19世纪下半叶的美国和德国),或依靠与本行业内世界上较优秀的企业旗鼓相当的生产率(即使不能成为最优秀的)。

同样的道理也适用于所有领域:设计、市场营销、财务和创新领域,即适用于全部管理范围。即使成本非常低,政府的补贴非常高,低于世界最高标准的绩效也会阻碍企业的发展。无论关税多么高,或者无论进口配额多么低,这些"保护措施"都不再具有保护作用。

尽管如此,在今后几十年里,保护主义浪潮十有八九将席卷全世界。在遭遇湍流时,我们的第一反应就是筑起一道防护墙,将外面的冷空气挡在自家花园之外。但是,对于没有达到世界标准的组织和企业来说,这种防护墙不再具有保护作用,只会更多地暴露它们的弱点。

墨西哥就是最好的例子。自1929年起，这个国家经过深思熟虑，实施了帮助国内经济不依赖于外部世界的经济政策，时间长达50年之久。它不仅筑起了保护主义的深沟高垒，以求将来自外国的竞争拒之门外，而且几乎禁止本国的公司向外出口。在20世纪，只有墨西哥这样做。这种措施试图建立一个既现代化又纯墨西哥化的经济体系，但最后以失败告终。实际上，当时的墨西哥越来越多地依赖于来自外部世界的进口产品，包括食品和产成品。由于墨西哥再也无法承担起进口所需商品的费用，因此它最终被迫向外部世界开放自己的市场。此后，墨西哥的民族工业纷纷倒闭。

同样，日本也试图保护自己的企业和工业，它将外国企业挡在门外的同时，还创办了少量极具竞争力的出口企业，然后以较低的成本或免费向这些企业提供资金，从而使这些企业具有强大的竞争优势。由于大量日本企业和行业（特别是金融产业）不具备全球竞争力，因此在很大程度上也诱发了1999年在日本发生的经济危机。

所以，战略必须接受一个全新的基本原则，即任何组织

（不只是企业）必须按照业内表现优异的企业（无论在世界的哪个地方）设定的标准对自己进行评估。

经济现实和政治现实日趋分化

在世界性的结构调整和变化莫测的时代，在制定战略时要考虑的最后一个基本原则是，经济现实和政治现实正日趋分化。

世界经济日趋全球化。国家疆界成为阻碍全球化发展的成本中心。如第1章所述，企业和越来越多的其他组织再也不能按照国家经济和国家疆界规定自己的经营范围。它们必须站在世界的高度，按行业和服务定义它们的经营范围。

但同时，政治疆界并不会消失。事实上，欧洲经济共同体、北美自由贸易区（NAFTA）或南方共同市场（Mercosur,酝酿中的南美经济共同体）等新兴的区域经济体，是否能在事实上削弱政治疆界的作用还值得怀疑，更不要说取而代之了。

"主权消亡论"在1918年之前就出现了，至今仍不绝于耳。但是，在政治生活中还没有什么能取代国家政府和国家主权。事实上，自1914年以来，分裂的趋势就愈演愈烈。1914年以前统治世界上最大疆域的帝国现在已经土崩瓦解，它们是奥匈帝国和土耳其帝国、大英帝国、法国、荷兰、葡萄牙、比利时、横跨欧亚大陆的沙皇俄国。同时，由于财富和信息呈"跨国"分布之势（实际上指它们不存在任何国籍问题），因此面积不大的政治体拥有持续发展的经济实力。从1950年起，许多超小型国家相继成立，它们有自己的政府、军队、外交部门、税务和财政政策。然而，我们迄今为止没有看到出现任何全球性组织的迹象，甚至在经济领域也没有出现控制全世界完全无序流通的货币的全球性中央银行，更不用说控制世界税收和金融政策的全球化组织了。

即使在跨国经济体中，国家政治仍旧制约着经济理性（economic rationality）。例如，尽管欧洲经济共同体已经成立，但是事实证明，如果要关闭一家在比利时多余的工厂，然后将工厂搬到法国，即边境线的另一边，虽然只有30英里⊖的间隔，而且仍旧属于同一个国家，但是在政治上是几乎不可能的。

事实上，我们面对的是三个重叠的领域。首先是供货币和信息流动的、真正全球化的经济体系。然后是区域性经济体系，商品的流动畅通无阻，而对服务和人员流动的阻碍虽然没有完全消失，但也是呈削弱之势的。最后是国家和地方现实，它们首先属于政治范畴，其次才属于经济范畴。这三个领域发展得都很快。企业和其他组织（如大学）别无选择，它们必须

⊖ 1英里=1.609千米。

同时在所有领域生存和发展。所以在制定战略时必须考虑这个现实。但是，任何地方的管理人员都不了解这个现实的真正含义。他们仍旧在摸索。

在制造、金融和保险等领域，大多数大型跨国公司都打破国家界限，成立了遍及全世界的"业务部门"。例如，对于分布在各地的租赁业务，如西班牙或中国香港，金融服务公司将它们视为一个企业来经营，而租赁业务又与该公司在西班牙或中国香港的其他业务（如外汇业务）毫不相干。但是，许多公司纷纷认识到，对于当地政府或当地工会或当地其他政治机构来说，"业务部门"只是毫无意义的想象。对于这些政府部门来说，只有西班牙或中国香港才是有意义的现实，因此该公司在西班牙或中国香港的业务是他们理解和接受的部门，以及愿意打交道的部门。在我所知道的公司里，没有哪一个公司能够事先断定哪些决策和行动实际上属于"业务部门"，哪些属于"涉及所在国"，更不用说预先确定如何促使决策或行动符合两种现实（即跨国业务部门这个经济现实和西班牙"主权"这个政治现实）的现状了。

但是，我们已经明显地得到一些启示。首先，我们清楚地了解到什么不能做，即不能因当地政府的各种优惠条件，而做出不符合经济根本原则的决策。由于政治体在经济上的权力越来越弱,因此它们总是试图抛出各种各样的优惠条件,以获取经济上的优势,例如免税、特殊关税保护、垄断保证、各种补贴,诸如此类。位于美国东南部的几个州就是典型的例子,它们通过向欧洲和日本的汽车制造企业提供大量补贴,吸引这些企业到它们那里设厂。当然,这种例子数不胜数。

同时,其中的许多例子是反面教材。欧洲和日本的汽车制造企业在经济利益上有足够好的理由到美国设厂(至少它们是这么认为的)。在许多其他情况中,例如小国提供的优惠条件,优惠条件只是企业进入某个国家或帮助本地企业摆脱困境的唯一原因。然而,我们完全可以预言,如果企业只是根据这种优惠条件做出决策,而没有考虑到经济现实的实际情况,企业到头来只会一败涂地。

> 例如,20世纪六七十年代,由于某个拉丁美洲小国向某个美国公司提出保证,保证该公司能够垄断该国的市场,因此该公司进入这个拉丁美洲国家开办工厂,但所有工厂最后都以失败告终。

俗话说:"天下没有免费的午餐。"因此,在经济现实和政治现实日趋分化的情况下,企业要牢记的第一条准则是,**不要做任何与经济现实背道而驰的事情**。我们首先要问:"如果我们不接受优惠条件,我们的企业战略是否还要求我们这么做呢?"若答案是否定的,就不要做,不管条件多么诱人。否则,失败在所难免,而且代价很昂贵。但是,即使答案是肯定的,对这些优惠条件说"不"也肯定是非常明智的。我们最终还是要为这种优惠条件付出代价的,而且是沉重的代价,这是我们根据所有的经验教训总结出来的,而且这种经验教训不胜枚举。

另一条"不要"原则与第一条准则密切相关。除非目标企业符合本公司的经营之道和总体发展战略,否则不要采用参股企业的方式,特别是不要采用收购的方式在全球范围内扩张或发展业务。

在不同的地区或不同的国家,不同的产品和/或服务有不同的表现形式。例如,在法国,可口可乐公司的果汁饮料的销量远远高于碳酸饮料的销量。在日本,通过自动售货机销售的咖啡也是可口可乐公司的一种主要产品。果汁饮料和速溶咖啡符合可口可乐公司的经营之道和战略。在物理性质上,虽然它们与传统的可乐饮料风马牛不相及,但在其他方面,即在生意上,它们具有完全相同的性质。

回过头再看看本章开头部分讨论的问题:战略有助于组织有目的地抓住一切有利机会。如果看似机会的机会不能提升组织的战略目标,机会也就不是机会,只会使企业误入歧途。即使所谓的机会符合或似乎符合国家的现实,即政治现实,它仍旧会使企业走弯路，企业只能对它置之不理。否则，企业几乎注定将以失败告终。

关于"不要"原则的讨论到此为止。现在轮到我们已经知道的两个"需要"原则了。

企业要在不同地区发展和扩张，越来越不能沿用兼并与收购的做法，也不能采取在当地创办新的独资企业的方式。它们日益需要与位于其他政治区域的组织组成联盟、建立合作关系、组建合资企业和结成其他各种关系。换句话说，它们日益需要形成由经济个体组成的组织结构，而这种组织结构不能包含法律和政治意义上的个体。

今后的发展将以各种合作关系为基础，而拥有全部所有权及命令与控制的方式已经过时了。其中不乏各种各样的原因，而有些原因我们已经讨论过了。但是，最令人信服的原因多半是，企业在开展经营活动时，既需要面对日益全球化的世界经济环境，又需要应付权力日趋分散的世界政治格局。合作关系绝不是一个解决这个问题的完美解决方案。事实上，合作关系也存在着许多问题。但是，如果经济个体不是法律意义上的个体，而是合作关系、联盟和合资企业，而且在这种关系中，政治和法律表现得像是脱离了经济现实，那么经济现实与法律现实相互冲突的问题则至少会得到大大的缓解。

最后的启示：所有企业都必须学会控制货币风险。今天，每个企业，即使是纯粹的本地企业，也都处在世界经济的大环境中。因此，即使企业的产品不走出国门，或者企业不从外国购入产品，它们也都有可能受到汇率波动的影响。

几年以前，由于墨西哥比索突然暴跌，即使经营范围只局限在当地的企业也遭受到惨重的损失。1998年，印度尼西亚货币骤跌，最纯粹的本地公司也无一幸免。

今天，整个世界充斥着"虚拟财富"，即在没有有利的投资机会时也可以变现的货币。就是因为这个简单的原因，任何国家在突发的汇率波动中都不能幸免于难。在所有国家，许多资金都没有投向不动产、企业、制造业或服务行业，而投向流动性强和价格起伏不定的"有价证券"上。绝大多数国家都没有足够的国际收支顺差支付这种"有价证券"投资产生的利息，更不用说弥补这些资金撤离时所造成的损失了。

这种结果恰好与1973年尼克松总统废除美元的固定汇率制度和实施浮动汇率制时的初衷形成鲜明的反差。当时美国政府希望利用这种措施将汇率的波动范围限制在较小的范围内，但事与愿违。由于各国政府（美国政府带头）无节制地利用这种新的"自由"，汇率发生了剧烈波动，而且还会继续发生波动。实际上，我们没有理由希望政治个体（即各个国家）根据其他政治当局的意愿制定自己的财政、金融和信贷政策。人们希望新成立的欧洲银行能够保持作为区域性货币的欧元的稳定。但是，要求欧盟的成员国在制定国内政策时考虑到欧元的稳定是不太可能的。

换句话说，在制定战略时必须考虑这样的假设，即汇率将继续保持波动和起伏不定。这也暗示，每个管理人员必须学会管理外汇风险，而迄今为止，懂得怎样管理外汇风险的管理人员可谓凤毛麟角。

组织无法根据本章讨论的现实，了解到它们需要做什么，更不用说该怎样做了。这些现实只是抛砖引玉地提出一些**问题**，组织需要制定相应的战略找到答案。有些问题迄今为止几乎很少能够在战略中反映出来。但是，如果组织从一开始就没考虑到这些新的现实，那么组织的战略根本就算不上真正的战略。同时，它们也不会做好相应的准备，应对今后几年或几十年必将面对的挑战。除非企业能够成功地化解这些挑战，否则在一个混沌和结构性调整的年代，在一个经济、社会、政治和技术都面临转型的时期，任何企业都无法取得成功，更不用说兴旺发达了。

CHAPTER 3 ｜ 第3章

变革的引导者

我们无法左右变革——变革的原则——有组织地改进——挖掘成功经验——创造变革——机会的窗口——什么不要做——试点——变革的引导者的两套预算——变革和连续性——创造未来

导言　我们无法左右变革

我们无法左右变革。我们只能走在变革的前面。

关于"克服变革的阻力"的消息似乎已经销声匿迹了，而在 10～15 年前，它却是管理著作和管理研讨会最受欢迎的题目之一。现在，每个人都承认，"变革是无法避免的事情"，但同时这也暗示，变革就是"大祸临头和苛捐杂税"：变革能拖就拖，没有变革最好。

但在面临剧变之际，如我们现在所处的时期，变革是司空见惯的事情。当然，变革是令人痛苦和需要冒风险的，需要做大量艰苦卓绝的工作。但是，除非组织以**引导变革**为己任，否则任何组织（企业、大学或医院等）都不能幸免于难。在一日千里的结构性调整浪潮中，唯一能够幸免于难的只有**变革的引导者**。

因此，管理层在 21 世纪面临的主要挑战是：组织要成为变革的引导者。变革的引导者视变革为机会。他们主动寻找变革，知道如何发现恰当的变革良机，了解如何在组织内部和外部发挥变革的作用。因此，我们需要：

1. 创造未来的原则。
2. 系统化地寻求和预见变革的方法。
3. 在组织内部和外部推行变革的恰当方式。
4. 在变革与连续性之间达成平衡的原则。

本章主要讨论的就是上述成为变革的引导者必须具备的四项条件。

变革的原则

现在关于"创新型组织"的讨论简直是层出不穷。但是，要成为变革的引导者，组织仅愿意接受创新或甚至组织起来进行创新还是不够的。这样做甚至可能误入歧途。要成为变革的引导者，组织需要有决心和能力改变现有的状态，同样也需要有决心和能力开创新事业与做不同的事情，需要"由现在创造未来"的原则。

放弃昨天是第一个原则，同时也是其他原则的基础。我们首先需要解放资源，即无利于提高绩效和出成果的方面不再是资源投放的方向。事实上，如果不能首先放弃昨天，创造未来只是一句空话。留住昨天始终是非常困难且浪费时间的。因此，要留住昨天，组织需要投入自己最稀缺、最宝贵的资源和最能干的人才，但最终仍旧是一事无成。然而，在做任何与以往稍有不同的事情时，我们总是会遇到意料不到的困难，更不要说创新了。因此，我们始终需要精明强干和有实践经验的人发挥领导才能。但是，如果这些人执意留住昨天，那么他们就完全无法创造未来。

因此，整个组织要遵循的第一个变革原则应是**有组织地放弃昨天**。

变革的引导者始终都会定期地对每种产品、每种服务、每个流程、每个市场、每个销售渠道、每个客户和最终用途进行考察。他们需要认真地问一个问题："如果我们没有这样做，在了解到我们现在所了解到的情况后，我们还会涉足这个领域吗？"若答案是否定的，我们不可以说"让我们再研究研究吧"，而应该问"我们现在做什么呢"？企业需要变革，需要采取行动。

在三种情况下，彻底放弃始终是正确的选择。

如果某种产品、服务、市场或流程"仍旧有几年好日子可过"，放弃是恰当的选择。若组织非要为这些奄奄一息的产品、服务或流程投入最大的精力、人力、物力和财力，组织中最精明强干的人才会因此被拴住了手脚。同时，我们几乎总是过高地估计了原有产品、服务、市场或流程仍旧能继续苟延残喘的"寿命"。通常，它们不是"奄奄一息"，而是已经寿终正寝。古代医学界有句谚语说得好："不让尸体散发出恶臭不仅困难重重、劳民伤财，而且还费力不讨好。"

但是，如果保留某种产品、服务、市场或流程的理由只是"它们已经完全被注销了"，已没有任何价值，我们同样也需要放弃它们。被完全注销的资产只在税务核算方面有意义，在其他方面不存在任何意义。从管理目的上讲，"没有成本"的资产是不存在的。在经济学上，建筑物和其他固定投资又称"已付成本"。我们不要再问"这些资产的成本是多少"，而是要问"这些资产能给我们带来什么"。除了会计学上的意义外，不再有产出的资产，即只是因为看上去没有"支出"而才有产出的资产，不是真正的资产。它们只有"已付成本"。

在第三种情况下，即如果江河日下的原有产品、服务、市场或流程的继续存在，导致如旭日般冉冉升起的新产品、服务、市场或流程的发展受到阻碍或被人们所忽视，这时放弃就是恰当的选择。

20世纪90年代美国最大的汽车制造企业（通用汽车公司和美国最大的工人工会）联合汽车工会（UAW）是变革的最近的两个反面例子。当时，这两个组织固守着昨天的成就，却毁掉了它们的未来。

每一个美国人都知道，从20世纪70年代中期到80年代中期短短的10年中，日本汽车制造企业在美国轿车市场的占有率迅速攀升到30%。但是，日本企业的市场份额的上升，不是通过挤压福特和克莱斯勒这两个规模略小的美国制造企业的市场份额来实现的，这一点却鲜为人知。相反，福特和克莱斯勒的市场份额实际上增加了。在日本人获得的市场份额中，1/3来自德国大众（Volksvagen），在20世纪70年代，该公司拥有10%的市场份额，但10年以后却几乎全部拱手相让给日本企业；另外2/3，即20%的美国市场，却是从通用汽车那里夺过来的，该公司的市场份额从50%骤降至30%。

在15年的时间里，通用汽车除了在价格和折扣上做文章以外，几乎无所作为，而价格和折扣上的把戏如石沉大海，收效甚微。随后，即20世纪80年代末期，该公司最终决定用一款称作"土星"（Saturn）牌的新车进行反击。土星车在设计、制造工艺、市场营销、服务和劳工关系上是日本车的翻版，但价格比日本车略贵。在推向市场时，通用汽车几乎毁了这款车的前景。但由于许多美国人都十分渴望拥有一辆新款的美国车，因此土星车刚一上市就轰动一时。

但是，通用汽车以外的所有人几乎都立即认识到，土星车无法与日本车竞争。它的销售额增加的同时，通用汽车的其他品牌的产品（如奥兹莫比尔和别克）的销售量却在下降。这些品牌即使不是奄奄一息，也是江河日下。随后，通用汽车开始扼杀土星车，通用汽车的工会（联合汽车工会）更是如此。通用汽车不再向土星车投入扩大生产的资金，而资金却被用来改进生产奥兹莫比尔和别克的工厂，当然这种做法是徒劳无益的。通用汽车也不再向土星车投入开发新车型的资金，而同样，资金又被用于重新设计奥兹莫比尔和别克。同时，联合汽车工会开始破坏在土星车工厂成功形成的新型劳资关系，工会担心土星车工厂建立的劳资合作关系会被通用汽车的其他工厂所效仿。

奥兹莫比尔和别克都没有得到好处，它们仍旧在走下坡路，但是土星车几乎是被毁了。通用汽车和联合汽车工会继续日渐衰落。

放弃有不同的方式。

以通用汽车为例，一个可行的解决方案是两路并进。首先，放弃奄奄一息的奥兹莫比尔。其次，尽可能地利用土星车的成功，给它所需的人力、物力和财力，将其独立出来成为一个单独的公司，与通用汽车的所有老产品自由竞争，并面向通用汽车的所有老客户。

不同的方式也会有异曲同工之效。

例如，每个图书出版商都知道，大部分销售额（60%左右）和实际上所有的利润都来自"重印书"，即已经出版了一两年的图书。但是，所有的图书出版商都没有将精力放在重印书的销售上。它们的所有精力都放在新书的销售上。有一个大型出版商多年以来一直没能说服销售人员销售重印书，而且它也没有在重印书的促销上花一分钱。后来，有一个独立董事（outside director）问道："假如我们现在涉入重印书的销售领域，会采取我们以前一直采取的方式吗？"当得到一致的"否定"回答时，她又问："我们现在该怎么做？"后来，公司进行了重组，分成了两个独立的部门：一个部门负责购买新书的版权、编辑、促销和在当年销售；另一个部门负责重印书的促销和销售。在两年之内，重印书的销售额几乎增长了3倍，公司的利润则翻了一番。

因此，第二个问题是如何放弃。这与第一个问题同样重要。实际上，第二个问题更容易引起争议并更加困难。因此，我们始终应该在小范围内对答案进行检验或进行试点（见本章的后半部分）。

在迅速变革的时代，"变革的方法"比"变革的内容"更有可能跟不上时代的发展。因此，变革的引导者还必须就每种产品、服务、市场或流程提出这样的问题："如果我们现在进入这个领域，我们所知的就是我们现在所掌握的，我们还会按照我们现在的办法进入这个领域吗？"我们要定期和认真地对成功的产品、服务、市场或流程提出这个问题，对于不成功的产品、服务、市场或流程，我们也应采取相同的态度。

这适用于企业的方方面面。但是，它尤其适用于许多企业往往会忽略的一个方面：销售商和销售渠道。在迅速变革的时代，销售商和销售渠道往往是变化得最快的两个方面。"信息革命"对销售商和销售渠道的影响可能也最大。

"销售商"和"销售渠道"当然是商业术语。但每个组织都有其"销售商"。而且，这些销售商是每个组织的第一个"客户"。

> 以非营利性机构为例：
>
> 中学的学生介绍顾问一直是美国高等院校的"销售渠道"，他们在录取新生时采取的传统办法就是通过学生介绍顾问与学生取得联系。但是，越来越多的学生和家长通过介绍大学和给大学排定名次的杂志与书籍了解大学排名信息。有几所高等院校非常重视通过

这些新兴的销售渠道推销自己，因此申请进入这些大学学习的学生在数量和质量上都有大幅度的提高。同时，它们也不需要减少向中学的学生介绍顾问"推销"自己的机会。

同样，卫生保健组织（HMO）日益成为医院的"销售渠道"，而仅仅在10年前，医生还是医院的销售渠道。现在，医院越来越多地与HMO合作，让医生和患者了解医院。

到目前为止，我们只能推测互联网对销售的影响，但是影响是必然的。在美国汽车市场，这种影响已经出现，而且发展得很快。

众所周知，妻子决定不购买什么样的汽车。因此，她实际上是决定购买什么车的人。但是，妻子不喜欢到汽车经销商的店里去买车，这也是众所周知的。因此，当夫妇俩去经销商的店里时，买车的人似乎是丈夫，但实际做出决定的人却是妻子。现在妻子在互联网的帮助下就能执行实际的买车操作，而经销商越来越多地只是发挥"车辆出口"的作用。

因此，汽车制造业需要将互联网发展成为它的销售渠道。据说，通用汽车已经开始这么做了。但是，这意味着要放弃传统的汽车经销商吗？

"放弃什么内容"和"放弃什么方式"需要有系统地进行。否则，由于放弃从来都不是"受欢迎"的政策，因此人们总是会推迟实施"放弃"。

以下举例说明如何成功地组织放弃政策。

在一个规模相当大的、在大多数发达国家中提供外包服务的公司里，在每个月的第一个星期一的上午，各级管理人员，从最高管理层到每个部门的主管，都要分别召开**放弃**会议。每一次会议讨论一个议题，如第一次讨论一项业务，第二次讨论有公司业务分布的一个地区，第三次讨论某项业务的组织方式，依此类推。该公司采用这种方式一年内就可以完全掌握自身的情况，包括人事政策。在这一年内，公司就有可能就业务的"内容"做出三四项决策，而有关开展业务的"方法"的决策可能是"内容"的两倍。同时，这些会议每年都会就公司要做的**新项目**诞生出3～5个点子。每个月，各级管理人员都会收到一份报告，内容涉及这些有关在哪些方面会发生变化的决策，包括准备放弃的内容、准备放弃的某种做事的方式和准备上马的新项目等。各级管理人员每年分两次汇报这些会议后实际发生的状况、已经采取的措施和结果。

由于该公司是在八九年前首次开始实施有组织的放弃政策

的，因此现在它的规模已经是以前的4倍多了（在考虑了通货膨胀因素后）。这个成绩的取得，至少有一半要归功于它采取的系统化的放弃政策。

有组织地改进

变革的引导者要遵循的第二个原则是有组织地改进（即日本人所谓的"改善"）。

无论企业在其内部和外部从事什么活动，包括产品和服务、生产流程、市场营销、服务、技术、人员培训和发展、信息的使用等，都需要系统化地和持续不断地对它们实施改进措施。同时，企业每年都需要为这种改进预先规定好一个比率：根据日本人的经验，每年改进3%在大多数方面是符合实际的并可以实现的。

然而，要做到持续不断地改进，组织需要做出重大决策。在某个方面，"绩效"是哪些因素构成的？如果要提高绩效，即实施持续不断的改进措施的目的，我们需要明确地规定"绩效"的含义。

例如，产品的复杂程度和难度越高，退货率也越高。要将成品的退货率从40%降低到35%，企业需要明显地大幅度改进产品。但是在大多数其他领域，决策的过程绝不是那么简单的。什么是产品的"质量"？什么样的质量是生产企业认定的质量？什么样的质量只能由客户来认定？在服务行业，对绩效的定义更加困难。

例如，一家大型商业银行确定，提高分行绩效的办法是提供新的和更高级的金融"产品"，例如销售国库券或提供处理债券的建议。为了研究客户需要的金融产品、开发产品和培训提供产品的分行工作人员，这家银行投入了大量时间和金钱。但是，当银行在分行推出新产品时，客户却很快就流失了。直到这时，银行才发现，对于客户来说，他们只要求在办理常规业务时排队等待的时间不要太长，这样才能体现出分行的绩效。客户认为，额外的"产品"非常有价值，但是他们只是偶尔才需要这些产品。

银行的解决方案是，将分行的柜台出纳人员集中在一起，提供简单的、重复性强的常规业务，这些业务既不需要复杂的技能，也不需要花费太长的时间。新推出的金融业务由不同部门的人负责，他们使用不同的办公桌，桌子上有醒目的标记，列出具体的产品项目。在实施这些措施后，传统业务和新业务的业务量双双大幅增加。但是由于该银行没有进行"试点"，即在一两个分行试着推行改进措施，因此银行浪费了几乎两年的时间和大量资金。

通过在各方面持续不断地实施改进措施，组织最终可以转变操作方式。这些措施带来产品的创新，带来服务的创新，带来新的流程，带来新的业务。持续不断的改进最终带来根本性的变革。

挖掘成功经验

变革的引导者需要遵循的另一个原则是挖掘成功经验。

"月报"的发明和在大多数商业组织中得到应用只有七八十年的历史。现在，它实际上已经成为一项日常和标准的工作内容，各处都能见到它的身影。在月报的第一页上几乎无一例外地留出一个区域，列出没有达到预期效果的项目或支出超过预算的项目。它关注的是问题。在每月一次的运营委员会会议上只讨论月报中列出的问题，而在所有企业和其他组织中，运营委员会会议实际上也已经成为日常和标准的工作内容。

我们不能忽视问题的存在，严重的问题要谨慎对待。但对于变革的引导者来说，企业必须关注机会。他们必须扼杀问题滋生的土壤，创造机会生存的环境。

这在程序上需要发生微小的基本变化：给月报增加一个"第一页"，即在提出问题的页面前加一页。在这一页上要注明超过预期效果的项目，如销售、收入、利润或数量。在新增加的第一页上占用的时间要与过去在提出问题的页面上花的时间一样多。一些能够成功引导变革的组织通常利用整个上午或一整天的时间先讨论机会，然后在第二天再讨论问题。

为了抓住机会，成功的变革引导者会提供足够的人力资源。

方法是这样的：在月报的一页上列出机会，然后在另一页上列出组织中有优异表现和有才干的人员。最后选派最能干和表现最突出的人处理最好的机会。

这说明，挖掘自身的成功经验和在这个基础上继续发展是成功实施变革的首要机会，通常也是最好的机会。

日本索尼（Sony）公司可能是最好的例子。该公司通过系统化地挖掘一个又一个大大小小的成功经历，发展成为在许多领域都居于世界领先地位的公司。

索尼的消费类电子产品领导着世界潮流，而且闻名于世，可这些产品却是源自一个并非由索尼发明的产品：磁带录音机。索尼公司利用自己以磁带录音机为基础成功发展起来的一款产品设计另一款产品，然后再在这个成功产品的基础上开发另一款产品，依此类推。每一步都不是一大步。在所有的产品中并非每一种产品都取得了成功。但是，通过挖掘以往的成功经验，每一款新产品都具有极低的风险，因此即使某一种产品没有取得成功，也不会影响大局。大部分成功的产品足以帮助索尼成为世界上最大和自始至终最成功的企业之一。

另一个例子是美国通用电气公司的医疗电子集团。在这个竞争非常激烈的领域，该公司不仅成为最大和最成功的制造企业，而且还成为变革的引导者。它显然是挖掘了自己的成功经验，并在前一款成功产品的基础上发展另一款产品。前一款产品与后一款产品之间的变化相当小，而就是因为这样小的差别，医生或医院却看到产品在性能上得到了相当大的改进。

在持续不断的改进的过程中，成功经验的挖掘迟早会换来真正的创新。每一小步的积累，最终会带来重大的和根本性的变革，即涌现出真正与众不同的新事物。

创 造 变 革

变革的引导者要遵循的最后一个原则是系统化的**创新**原则，即创造变革的原则。

这是人们现在最重视的问题。然而，它却不是最重要的一个问题，对于许多企业来说，有组织地放弃、改进、挖掘成功经验等原则更有效。如果不遵循放弃、改进和挖掘等原则，任何组织都不能奢望成为成功的创新者。

但是，要成为成功的变革引导者，企业还需要遵循系统化创新的原则。主要原因不是变革的引导者需要创新（虽然他们确实需要创新），而是系统化创新的原则能帮助组织形成成为变革引导者的观念。它有助于整个组织将变革作为机会来看待。

机会的窗口

这要求组织每隔 6~12 个月在以下方面系统化地发现可能成为机会的变革，我称其为"机会的窗口"：

- 组织突然取得的成功和突然遭受的失败，以及组织的竞争对手突然取得的成功和突然遭受的失败。
- 出现不一致的现象，特别是流程上的不一致，如生产或销售流程，或客户行为上的不一致。
- 流程的需要。
- 行业和市场结构的变化。
- 人口的变化。
- 意义和观念的变化。

最后是：

- 新知识。⊖

⊖ 在 1985 年出版的《创新与企业家精神》（*Innovation and Entrepreneurship*）一书中，我详细地介绍了这些窗口，并用大量实例说明了这些窗口。此书中文版已由机械工业出版社出版。

以上任何一个方面若发生变化，我们都要问："对于我们来说，这是创新的机会，即开发不同的产品、服务或流程吗？它是否预示着新的和不同的市场和/或客户即将出现？新的和不同的技术，还是新的和不同的销售渠道？"创新与风险从来就是结伴同行的。但是，如果企业通过挖掘已发生的事件进行创新，包括本企业、市场、知识、社会和人口等方面发生的事件，那么这种创新的风险就比没有挖掘这些机会的创新活动低得多。

创新不是"天才的灵光一现"，而是艰苦卓绝的工作。同时，这种工作应成为企业的每个部门和各级管理人员的经常性工作内容。

什么不要做

变革的引导者总是会一而再再而三地陷入三种陷阱，他们应避免落入这些陷阱。

1. 第一种陷阱：不符合战略现实（见第 2 章）的创新机会。这样的创新是最没有可能取得成功的。只有符合主要现实（如人口、收入分配上的变化、组织及其客户认定"绩效"的方式、全球竞争力或政治和经济现实等方面）的创新才是唯一能够成功的创新。但是，由于不符合现实的创新看上去具有真正的新特性，因此它们常常看上去非常诱人。但是，在通常情况下，即使创新不一定以失败告终，但它们始终需要组织投入异乎寻常的人力、物力、财力和时间。

2. 第二种陷阱：混淆"新奇"与"创新"之间的界限。衡量创新的标准是，创新是否创造价值。新奇只能带来乐趣。然而，管理层一次又一次地决定创新，唯一的原因就是他们对天天做同一件事或生产同一种产品感到厌烦了。衡量创新的标准，或者说检验"质量"的标准，不是"我们喜欢它吗"，而是"客户需要它，并愿意为它掏钱吗"？

3. 第三种陷阱：混淆具体的动作与行动计划之间的界限。当企业需要放弃或完全地改变某种不再产生效益的产品、服务或流程时，管理层一般采取"重组"的办法。当然，我们常常需要采取重组的办法。但是，先有行动计划，后有具体的动作，即在考虑了"做什么"和"如何做"后才能采取具体的动作。重组本身只是"具体的动作"，不能取代行动计划。

这三种陷阱太具有诱惑力了，使得每一个变革的引导者都有可能反复地落入到其中一种或所有这三种陷阱中。要避免落入这些陷阱，或在万一陷进这些陷阱时摆脱困境的方法只有一个：有组织地推广变革，即**试点**。

试 点

各类企业越来越多地采用各种市场和客户调研手段以减少或消除变革的风险。但是，真正的新事物是无法调研的，而且新事物在刚出现时也不一定是正确的。问题总是在人们意想不到时突然出现。让新事物的创造者极度苦恼的问题，到头来总是变得微不足道，或销声匿迹。最重要的是，做事的方式总是与最初设计的有很大出入。真正的新事物（如产品、服务或技术）总是在创新者和企业家没有想到的地方找到了自己的市场和适用范围，而且用途也与创新者或企业家最初设计的用途大相径庭，这几乎是一条"自然规律"，而市场或客户调研都不可能发现这些问题。

早年发生的事情最能说明问题。

大多数人认为，詹姆斯·瓦特（James Watt, 1736—1819）于1776年设计和发明的改良型蒸汽机预示着工业革命开始拉开帷幕。实际上，瓦特直到去世前都认为蒸汽机只有一种用途：从煤矿中抽水。这就是他设计蒸汽机的目的。他只将蒸汽机卖给了煤矿。然而，真正的工业革命之父却是他的合作伙伴马修·伯尔顿（Matthew Boulton, 1728—1809）。他发现改良型蒸汽机或许可以在英国当时最重要的行业（纺织业）得到应用，特别适用于棉布的纺纱和织布工艺。在伯尔顿将他的第一台蒸汽机出售给纺织厂后10～15年内，棉纺织品的价格下跌了70%。第一个大众化市场和第一个工厂随之诞生，同时现代资本主义和现代经济也登上了历史的舞台。

研究、市场调研或计算机模拟都不能取代在现实中的试验。因此，任何改进的事物或新事物首先都需要进行小规模的试验，即**试点**。

试点的方法是，我们可以在企业中寻找真正希望创新的人。如上所述，任何新事物都会有麻烦。那么，它就需要有支持者，需要有人说"我准备在这一点上取得成功"，然后采取行动。这个人应该是值得组织尊敬的人，但他不一定是组织内部的人。寻找一种真正想尝试新事物的客户也是试验新产品或服务的一种好方法，同时他得愿意与生产企业合作，帮助新产品或服务真正取得成功。

如果试点取得成功，并且通过试点，组织发现了任何人都没有意识到的问题，发现了任何人都没有预见到的机会，无论是在设计上，还是在市场上，或是在服务上，那么变革的风险通常是相当小的。组织通常也能清楚地了解推广变革的范围和方法，即采用什么样的经营战略。

变革的引导者的两套预算

最后，要成功引导变革，组织需要制定相应的会计和预算政策。这就需要两套不同的预算。

大多数企业只有一套预算，而且根据商业周期进行调整。当然这也不仅限于企业。在繁荣期，各方面的支出都有增无减。在萧条期，各方面的支出都一减再减。然而，这种做法很容易导致企业错失未来的机会。

变革的引导者的第一套预算是营业收支预算，它显示出维持现有业务所需的费用，一般占全部费用的80%～90%。

在对待这套预算上，企业始终应提出这样的问题："要维持正常运转，我们最少需要花多少钱？"当然，在萧条期，企业应下调费用预算（虽然在繁荣期，企业不应上调大部分费用额，即使上调，当然也不能超过数量和/或收入的增长幅度）。

同时，变革的引导者需要为未来制定第二套独立的预算。在繁荣期和萧条期，这套预算都应保持稳定。在企业的全部费用中，它很少能超过10%～12%，而且这套预算也适用于非营利性组织和企业。

用于未来的费用如果不能长时间地保持稳定，那么这种费用就很少能发挥其应有的作用。这有利于新产品、新服务和新技术的开发，有利于市场、客户和销售渠道的开发，最重要的是有利于人的成长。

在对待未来的预算上，企业应提出这样的问题："若要取得最理想的效果，这个行动最多需要多少费用？"除非企业遭受灾难性的打击，若继续支出这笔费用，企业的生存就会面临危机，否则无论是在繁荣期，还是在萧条期，这笔费用都应保持稳定。

但是，未来的预算还应包括挖掘成功经验的费用。企业为了能够继续经营下去，特别是在萧条期，它们经常削减用于成功项目的费用。这种做法最普遍也最具破坏性。企业的理由总是："这种产品、服务或技术反正已经取得成功了，我们不需要继续往里投钱。"但是，正确的观点应该是："它已取得成功了，因此我们需要尽最大的可能支持它。"在萧条期，我们应格外地支持已取得成功的项目，此时，竞争对手很可能纷纷削减费用，我们也因此有机可乘。

我们往往是根据所得到和看到的报表进行管理。正是这个原因，变革的引导者非常重视报表，他们需要的报表侧重于以下内容：企业在哪些方面做得出乎意料的好、在哪些方面取得意想不到的成功和哪些方面可能蕴藏着机会。同样也是这个原因，变革的引导者极其看重预算，同时预算也是企业决心创造未来和走在变革前面的承诺。

变革和连续性

传统的组织自成立之初就以保持连续性为目标。因此，所有现有的组织，无论企业、大学或医院，特别需要努力接纳变革和具备变革的能力。也正是这个原因，现有的组织总会遭遇到变革的阻力。对于传统的组织来说，变革可谓自相矛盾。

然而，变革的引导者的目的就是变革。他们仍旧要求保持连续性。人们需要了解他们的立场。他们需要知道哪些人与他们共事。他们需要知道他们能得到什么。他们需要了解组织的价值观和章程。如果他们无法把握、看不懂或不了解所处的环境，他们就无法发挥应有的作用。但是，在企业的外部同样需要保持连续性。事实上，我们日益认识到保持长期关系的重要性。要迅速实施变革，我们需要与供应商和销售商保持亲密与持续的关系。但是，企业也需要具有帮助自己在客户中和在市场中脱颖而出的"个性"，这同样适用于非营利性组织。

因此，变革和连续性不是一对矛盾体，而是一个事物的两个方面。一个组织越接近变革的引导者，它就越需要保持内部和外部的连续性，越需要在快速的变革和保持连续性之间取得平衡。

我们可以预见，这种平衡将是明天的管理人员（包括管理的实践者及从事管理研究的学者和作家）关心的主要问题之一。但是，我们确实已经掌握了不少平衡的方法。一些组织已经成为变革的引导者，并已经解决了这个问题（尽管他们并非总是找到问题的答案）。

一种方法是，将持久的关系建立在不断变化的合作关系的基础之上。日本的企业联盟就是采用这种方法维持供应商与制造企业的关系的，而美国企业现在迅速采用的"经济链核算机制"（见下一章）也体现出这种方法的精髓。我们正在发展类似的、不断变化的合作关系,以此作为制造企业与销售商保持持久关系的基础,例如世界上最大的家庭用品生产企业宝洁与沃尔玛等大型零售商之间的关系。

但是,企业内部的关系(如第1章所述)也日趋合作伙伴化,即企业与组织内部的雇员之间的关系,与为某个外包公司工作,但实际上属于企业自己的工作团队的人之间的关系,或与外部的独立承包商之间的关系日趋朝合作关系发展。此外,在变革的过程中,企业越来越需要通过有效地组织,将这些关系发展成为长期的合作关系。

要在变革与保持连续性之间取得平衡,组织需要不断做好信息工作。不畅通的信息沟通渠道或不可靠的信息对连续性和关系的影响最大(蓄意传播虚假信息除外)。在发生任何变化时,即使是最微小的变化,企业都会习惯性地提出这样的问题:"谁需要了解这些信息?"而且,由于人们的工作地点不再需要离得很近,也不需要一天遇见很多次,因此信息的沟通将变得越来越重要。企业越需要依赖于在一起共事但实际上没有待在一起工作的人(即利用新兴的信息技术的人),确保这些人掌握全面的信息就越重要。

同时,这些人有组织地、系统化地和有计划地聚集在一起并彼此实际见面和相互合作也将变得越来越重要。长距离的信息沟通不能取代面对面的交流关系。了解对方的期望、了解对方的实际工作情况和相互信任变得更加重要。这意味着人们需要系统化的信息沟通渠道（特别是关于任何变革的信息）和面对面的交流关系，即相互熟悉和相互了解的机会。

如果变革不只是改进，而是产生真正的新事物，信息就变得尤其重要。对于任何希望成功地引导变革的企业来说，它必须是一条雷打不动的原则，而且不能有出其不意的感觉。最重要的是，企业的根基（如使命、价值观以及对绩效和成果的认定等）需要保持连续性。正是由于在作为变革引导者的企业中，变革是家常便饭，因此根基必须完全牢固。

最后，企业必须制定相应的报酬、认可和奖励制度，才能在变革与连续性之间取得平衡。我们很早以前就知道，如果创新者得不到适当的奖励，组织是无法实现创新的。我们很早以前也就知道，如果成功的创新者无法让高级管理人员或最高管理层了解创新的意义，企业也是无法进行创新的。同样，我们将认识到，组织必须奖励保持连续性的人，例如，认定不断实施改进措施的人与真正的创新者一样，都为组织做出了重大贡献，都值得认可和奖励。

创 造 未 来

我们面对的将是长期和深远的变革，对于发达国家是这样，对于整个世界可能也是这样。这些变革主要不是经济上的变化，也不是技术上的变化，而是人口、政治、社会、价值体系上的变化，最重要的还是世界观上的变化。在这样的时期，经济理论和经济政策本身是不可能解释得通的。在这样的时期，社会理论也无法解释得通。只有在几十年后，过了这个阶段后，人们才有可能发展出解释今天所发生的一切的理论。但是，在这个阶段，有几件事是确凿无疑的。例如，忽视变革和自欺欺人地认为明天与昨天相比是一成不变的等想法都只会是徒劳无益的。然而，许多组织（企业和非营利性组织）在这个时期往往都持有这样的态度。最重要的是，在变革发生前就已经取得重大成功的组织也有可能采取这样的政策。那些自欺欺人地认为明天与昨天相比是一成不变的人只会自食其果。因此，我们可以自信地预言，许多今天在各方面（如企业、教育或卫生保健等）领先的组织，在30年后不可能仍旧保持领先地位，当然也不会保持现状。但是，要预见变革同样是不可能的。这些变革是不可预知的。

唯一可能取得成功的原则是努力创造未来。变革当然要符合必然的趋势（本书在上一章中试图概括介绍的内容）。然而，在这些范围内，未来仍旧是可塑的。我们仍旧可以创造未来。

努力创造未来是要冒很大风险的。然而，它的风险比被动地接受未来小得多。在按照本章讨论的内容进行实践的人中，大部分人不一定都能取得成功。但是，我们可以预言，不按本章的内容实践的人肯定不会取得成功。

CHAPTER 4 | 第 4 章

信息挑战

新兴的信息革命——"信息技术"从"技术"向"信息"转变——历史的教训——技术人员的历史教训——新兴的印刷革命——企业需要的信息——从成本会计向效益控制转变——从虚构的法律现实向经济现实转变——创造财富的信息——效益的源泉——管理人员开展工作所需的信息——整理信息——全在意料之中——走出去

导言 新兴的信息革命

新兴的信息革命正方兴未艾。尽管它发端于企业，始于商业信息，但是，它肯定会席卷社会中的**所有**组织。它将从根本上改变企业和个人对信息的**认识**。它不是一场技术、机械、技巧、软件或速度的革命，而是概念上的革命。它不是在信息技术（IT）或管理信息系统（MIS）领域发生的革命，也不是首席信息官（CIO）领导下的革命。领导这场革命的是信息产业往往忽视的人：会计人员。同时，在个人信息领域，一场信息革命也在如火如荼地进行。它同样既不是在信息技术或管理信息系统领域发生的革命，也不是首席信息官领导下的革命。它是一场印刷上的革命。然而，"信息产业"及其从业人员——IT人员、MIS人员和CIO等在**信息**提供方面的失败，却引发和推动了这些革命。

50多年来，信息技术一直以**数据**为中心，包括数据的收集、存储、传输和显示。在"信息技术"中，重点始终是"技术"。然而，新兴的信息革命的重点是"信息"。它们提出的问题是："信息的**内涵**及其**目的**是什么？"这个问题很快促使人们在信息的帮助下重新定义要完成的任务，并重新定义完成这些任务的组织。

"信息技术"从"技术"向"信息"转变

半个世纪以前，即20世纪四五十年代，人们普遍认为，军事领域和科学计算是计算机这个"奇迹"的主要市场。这种观点在当时简直无法抗拒。然而，有个别人，实际上是极少数人在当时就提出不同的意见，认为计算机将广泛应用在企业，并对企业产生影响。这些极少数人还预言，计算机在企业里不只是一台运算速度非常快的、处理工资或电话账单等日常琐事的加法机。这种观点也与当时（刚刚开始走向辉煌的IBM公司的每一个人）的主流观点背道而驰。当然，在具体细节上，持不同意见者总是像"专家"一样表示反对。但是，有些不循规蹈矩者在有一件事上都持有相同的观点，即计算机在短期内将彻底改变最高管理层的工作方式，并且都认为，计算机将最先影响到企业政策、企业战略和企业决策，而且在这些方面影响最大。

大多数人简直错到极点了。迄今为止受到革命性影响的却是当时都没有预料到的领域：**经营方式**。

例如，当时的任何人都无法想象到今天的建筑师可以使用真正具有革命性的软件。它可以设计大型建筑物的"内脏"：供水系统和管道设备、照明、供暖和空调系统；电梯规格和布置，所需的成本和时间只是过去的一个零头，而几年前，在设计写字楼、大型学校、医院或监狱时，这些工作需要占用大约2/3的时间和成本。

当时的任何人也都没有预料到今天的外科实习医生可以使用同样真正具有革命性的软件。在这种软件的帮助下，他们可以实施"虚拟手术"，然后就可以看到手术的结果。如果手术中出现失误，实习医生就会"在虚拟现实中"杀死患者。而不久以前，在结束培训前，实习医生很少有机会全面地了解手术的全过程。

半个世纪以前，任何人都没有想象到卡特彼勒公司（Caterpillar）等主要设备制造企业现在可以利用软件来组织企业的经营活动，包括企业围绕着客户所需要的服务和他们的退换货需要，组织在世界各地的制造业务。

然而，迄今为止，计算机及其派生出的信息技术实际上都不能对决策产生任何影响，它们既不能决定是否盖新的写字楼、学校、医院或监狱，也不能决定它们具有什么样的功能；既不能决定是否对危重病人实施手术，也不能决定实施什么样的手术；既不能决定设备制造企业准备进入哪些市场和选择哪些产品进入这些市场，也不能决定某个大银行是否应收购另一个大银行。对于最高管理层的任务来说，信息技术到目前为止发挥的只是提供数据的作用，而不是提供信息的作用，更不用说提出新的和不同的问题与战略了。

管理信息系统和信息技术领域的人士往往认为这种失败是他们所称的"老一派"顽固不化的"主管"一手造成的。这种解释是错误的。由于新技术没有向高层主管提供他们履行自己的职责所需的信息，因此他们没有利用这种新技术。例如，企业中的数据在很大程度上仍旧建立在19世纪初的理论的基础上，即成本越低，企业越有竞争力。管理信息系统就是以这个理论为基础通过计算机对数据进行处理的。这些数据是传统的会计系统使用的数据。会计学至少是在500年前产生的，目的是向公司提供保管资产和在公司清算时分配资产所需的数据。20世纪20年代，在15世纪产生的会计学的基础上诞生了成本会计学，它是会计学的一个重大分支，其产生的目的只是为了帮助会计系统适应19世纪的经济环境，也就是提供成本信息和控制成本（顺便说一下，现在大行其道的全面质量管理（total quality management）就是在成本会计学基础上发展起来的，它的目的也是如此）。

但是，我们大概在第二次世界大战时期才开始认识到，资产的保管与成本控制都不是最高管理层的任务。它们是具体操作上的任务。成本上的劣势的确会毁了一个企业。但是，企业的成功建立在完全不同的基础上，即建立在创造价值和财富的基础上。企业在决定自己的经营之道、战略、放弃过时的东西和进行创新、平衡眼前利益与市场份额等问题时，需要冒一定的风险。企业在做出战略决策时需要以新的必然趋势（见第2章）为依据。这些决策才是最高管理层的任务。第二次世界大战后，由于人们认识到这个问题，管理学才从当时所谓的企业经济学（现在称为微观经济学）中分离出来，成为一门单独的学科。但是，传统的会计系统提供的信息都不能满足这些最高管理层的任务的需要。实际上，这些任务与传统会计模式提出的假设完全格格不入。新兴的、基于计算机的信息技术别无选择，只能依赖于会计系统的数据。它也没有其他选择。它收集、组织、处理、分析和呈现的都是这些数据。信息技术面临的这种窘境在很大程度上却促使它对使用成本会计数据的经营活动产生了巨大的影响。但是，这种窘境也说明信息技术对企业管理本身的影响近乎于零。

最高管理层对信息技术迄今为止能提供的这些数据表示出

非常失望的情绪，正是这种情绪使得新兴的和下一场信息革命一触即发。信息技术人员，特别是企业中的首席信息官，很快意识到会计数据并不是管理层所需要的，这也是 MIS 和 IT 人员轻视会计学与会计人员的主要原因。但是，他们照例也没有认识到，管理层需要的不是更多的数据、更高的技术或更快的速度。管理层所需要的是对信息的界定，是新的概念。在过去几年中，许多企业的最高管理人员纷纷开始提出这样的问题："什么样的信息概念能帮助我们做好我们的工作？"他们现在已经开始要求传统的信息提供者，即会计人员，提出他们所需的信息概念。

在本章的后半部分（见"企业需要的信息"），我将讨论因这些问题而产生的新的会计系统。这一部分还将讨论企业**外部**的信息，这是一个新的领域，同时也是最重要的一个领域，我们至今还没有利用系统化的和有效的方法获取这方面的信息。这些新方法基于不同的假设，而且产生的原因也不尽相同。虽然，每种方法都是由不同的人独立提出来的，但是它们都有两个共同点。它们提供的是信息，而不是数据。它们是为最高管理层设计的，为最高管理层完成自己的任务和进行决策提供信息。

新兴的信息革命源自企业，并在企业内蓬勃发展。但是，它即将使教育和卫生保健领域发生根本性的变革。同样，概念上的变革最终将至少与工具和技术的变革一样重要。人们普遍认为，教育技术将面临深远的变革，同时，教育结构也将随之发生深刻的变化。例如，远程教育将在25年内取代美国独具特色的教育体制——独立的大学本科教育。人们越来越清楚地认识到，这些技术上的变革势必将引发人们重新审视教育的内涵。一个可能的结果是：高等教育（即专科教育）的重心很可能发生转移，将面向成人提供贯穿整个职业生涯的继续职业教育课程。这种方式将学习的地点从校园转移到许多新的地方：自己的家、汽车、城际列车、工作场所或学校的礼堂。在这些地方，几个人就可以在下班后聚在一起学习。

在卫生保健领域，人们也将发生概念上的转变，对卫生保健的认识很有可能从疾病的治疗转变为身体与心理机能的保护。当然，治疗疾病仍旧是医疗保健领域的一个重要组成部分，但在逻辑上只是医疗保健的一个子集。提供卫生保健服务的传统机构医院和全科医生，都不会在这场变革中作壁上观，而且他们存在的形式和具有的功能当然也不会一成不变。

教育和卫生保健领域的情况也将与企业一样，重点也将从信息技术中的"技术"转变为"信息"。

历史的教训

当前的信息革命实际上是人类历史上第四次信息革命。第一次信息革命是文字的发明。第二次信息革命的标志是手抄书的发明，早在公元前1300年，书最先在中国出现；800年以后，希腊也依靠自己的力量发明了书，当时雅典的暴君裴西斯特拉托斯（Peisistratos）将那时口口相传的荷马史诗抄到书上。德国人谷登堡（Gutenberg）在1450～1455年发明的印刷机以及同时期发明的雕刻术拉开了第三次信息革命的序幕。虽然我们知道手抄书在希腊、罗马和中国的影响巨大，但是头两次信息革命几乎都没有留下任何文字记载。事实上，中国的整个文明体系和政府系统都根植于此。但是，对于印刷术和雕刻术引发的第三次信息革命，我们掌握着丰富的史料。我们今天可以从500年前发生的事情中学到什么呢？

要学的第一件事是学会谦虚。

今天，所有人都认为，在降低信息的成本和信息的传播方面（无论是以单个"字节"的成本来衡量，还是以计算机的拥有率来判断），以及在影响的速度和范围上，当前的信息革命都是史无前例的。这些想法简直是无稽之谈。

在谷登堡发明印刷机时，欧洲已经拥有了一个规模庞大的信息产业。它提供的就业机会可能是欧洲最多的。它是由许许多多修道院组成的，许多修道院都有大量训练有素的修道士。每个修道士每天从早到晚用手抄书，每周要工作6天。一个勤勤恳恳且经过专门训练的修道士每天能抄4页，每周能抄25页，一年下来能抄写1200～1300页。

50年后，到1500年，这些修道士（有人估计整个欧洲的修道士超过1万人）失业了。取而代之的是数量很少的社会上的工匠，他们是新兴的"印刷工"，总数可能在1000人左右，但是却遍布整个欧洲（虽然一开始他们只居住在斯堪的纳维亚半岛）。要印刷一本书，20个工匠需要通力合作，先由一个训练有素的工人负责刻字，最后由技术要求不是很高的装订工装订成册，这些人的数量比较多，可能10个人左右。这个小组每年可以印刷25本书，平均每本书有200页，即总共5000页。到1505年，一次印刷1000册已经成为可能。这意味着一个印刷小组一年至少可以印刷500万页，装订成25 000册书对外销售，或者说小组的每个成员每年可以印刷25万页，而仅仅在50年前，每个修道士只能抄写1200～1300页。

书价大幅下跌。在15世纪中叶以前或在谷登堡发明印刷机前夕，书籍是一种奢侈品，只有富有和受过良好教育的人才有钱买书。但是，当马丁·路德（Martin Luther）的德语版《圣经》（这本书有1000多页）于1522年问世时，价格出奇的低，以至于最穷的农民家庭都买得起。

在第三次信息革命中，成本与价格下降的幅度至少与当前的第四次信息革命一样巨大，普及的速度与影响范围也与第四次信息革命旗鼓相当。

所有其他重大的技术革命也是一样。虽然棉花在所有纺织纤维中，到目前为止是最理想的纺织材料，它非常耐洗，并可以被加工成各种不同的面料，品种无穷无尽，但是加工的过程既费时，又需要大量劳动力。一个工人手工生产 1 磅⊖棉纱需要 12～14 天，而用羊毛纺纱需要 1～2 天，亚麻需要 2～5 天，丝需要 6 天。1764 年，人们第一次采用机床生产棉花，从而引发了工业革命。到了 1784 年，生产 1 磅棉纱所需的时间减少到几个小时（这段时间恰好与电子数字积分计算机（ENIAC）过渡到 IBM 的 360 计算机的时间不谋而合）。价格下跌了 70%，产量增加了 25 倍。然而，此时距埃利·惠特尼（Eli Whitney）发明轧棉机（1793 年）仍旧有一段时间。轧棉机的出现促使棉纱的价格又下跌了 90% 多，最终，棉纱的价格跌至工业革命爆发前五六十年前的千分之一左右。

新的印刷技术对信息内涵的影响，与该技术所带来的降价效应和速度同样重要。从谷登堡印刷的《圣经》开始，第一批印刷的书都是拉丁文的，而且内容仍旧与修道士早年用手抄写的书相同，涉及的是宗教和哲学思想，以及古代拉丁文化遗留下来的所有著作。但是，在谷登堡发明印刷机后仅仅过了 20 年，当代作家出版的书籍开始破土而出，虽然仍旧是用拉丁文写的。又过了 10 年，使用的语言不仅有希腊语和希伯来语，而且还越来越多地出现了用本国语印刷的书籍（先是英语，然后是其他欧洲国家的语言）。1476 年，即谷登堡发明印

⊖ 1 磅 = 0.454 千克。

刷机后仅仅过了20年，英国印刷家威廉·卡克斯顿（William Caxton，1422—1491）出版了一本关于国际象棋和供普通大众看的书。到1500年，通俗文学不再是通过口口相传的诗词，特别是史诗，而是通过印刷好的书籍传播的散文。

印刷革命还立刻在根本上改变了组织，包括教育系统。在此后的几个世纪里，全欧洲冒出了一个又一个大学，但是这些大学与早期的大学截然不同，它们不是为神职人员设计的，也不是为学习神学而设计的。它们开设的科目是面向普通人的，如法律、医学、数学和自然科学等。最后（虽然经过了200年的时间），在印刷书籍的基础上，普及教育和现在的学校诞生了。

然而，印刷对教会的影响却是最大的，而在谷登堡发明印刷机之前，教会是欧洲的核心。没有印刷，新教徒的宗教改革（reformation）是不可能成功的。在此之前，英格兰的约翰·威克里夫（John Wycliffe，1330—1384）和波希米亚（Bohemia）的扬·胡斯（Jan Hus，1372—1415）发起的宗教改革同样得到了大众的热情响应。但是，这些犯上作乱者只能靠一张嘴宣传，影响的范围或速度非常有限，因此只能局限于当地，而且经常受到镇压。马丁·路德的情况就不一样了。1517年10月31日，在德国一个偏远的小镇，他将他的95条论点钉在教会的门上。他的本意只是想在教会内就传统的神学引发一场辩论。但是，未经路德同意（而且他可能也不知道），有人立即将这些论文印了出来，并免费散发到全德国，然后传遍整个欧洲。这些印刷出来的传单点燃了宗教风暴，最后形成宗教改革浪潮。

如果没有印刷术，始于15世纪下半叶的发现时代还会如期而至吗？通过印刷术，葡萄牙航海家在沿非洲的西海岸搜寻通往西印度群岛的海上路线时每前进一步，人们都会了如指掌。有了印刷术，哥伦布获得了第一张（虽然完全是错误的）通往传说中的国度的地图，这些国度位于西方地平线的尽头，如马可·波罗向往的中国和传说中的日本。有了印刷术，人们可以立即记录下每一次航海的结果，并绘制更可靠的新地图。

非经济领域的变革是无法用数字来衡量的。但是，印刷革命对社会、教育、文化的影响（更不用说对宗教的影响了）很可能与当前的信息革命所产生的影响一样巨大，传播的速度即使没有当前的信息革命快，也一定可以与之相提并论。

技术人员的历史教训

对于今天的信息技术人员（包括IT和MIS专业人员及CIO）来说，上一次信息革命，即图书印刷，也有可以借鉴的教训，即信息技术人员不会消失。但是，他们可能成为"配角"，而在过去40年里，他们一直是"超级明星"。

印刷革命立即派生出一个以信息技术人员为代表的新阶层，而最近发生的信息革命同样也造就了许多信息企业、MIS和IT人员、软件设计师与首席信息官。印刷革命的IT人员是早期的印刷工人。1455年，他们还不存在，而且实际上人们对他们也没有任何概念，但是25年后，他们却一举成为耀眼的明星。这些轻松驾驭印刷机的行家里手在整个欧洲是尽人皆知，受到极高的礼遇，而今天数一数二的计算机和软件公司在全世界也获得了相同的待遇。这些印刷业主成为王公贵族、罗马教皇和许多富有的贸易城市的座上宾，可谓名利双收。

在这些人里，第一个成为工业巨头的是著名的威尼斯印刷业者奥尔德斯·马努蒂厄斯（Aldus Manutius，1449—1515）。他认识到新的印刷机可以使用同一张版面实现大批量印刷。1505年，印数可以达到1000张。他采用低成本的方法批量印刷书籍。他缔造了印刷工业：他是采用拉丁文以外的其他文字印刷书籍的第一人，也开创了印刷当代作家著作的先河。他的印刷机总共印了1000种书。

安特卫普的克里斯托夫·普朗坦（Christophe Plantin，1520—1589）是最后一位伟大的印刷技术人员和最后一位印刷贵族。他最开始只是一个卑微的实习装订工，后来组建了欧洲最大和最著名的印刷公司。他将印刷和雕版这两种新技术结合在一起，印制出带有插图的书籍。他成为安特卫普首屈一指的贵族（安特卫普是欧洲最富庶的城市之一），而且他富到可以为自己建造一座富丽堂皇的宫殿，这座宫殿至今仍保存得非常完好，已成为印刷博物馆。但是，在普朗坦去世前，他和他的印刷公司就开始走下坡路，很快就销声匿迹了。

到1580年左右，这些以技术见长的印刷业者沦为普通工匠，当然他们是有身份的手艺人，但是他们绝对不再属于上层社会。他们的利润也不再高于其他行业，也不再吸引投资资本。他们的地位很快被我们现在所称的出版商（虽然这个称谓当时并不存在）所取代，他们及其公司关注的不再是信息技术里的"技术"，而是"信息"。

出现这种转变的同时，新的技术恰好开始影响信息的**内涵**，并进而影响教会和大学等15世纪主要的组织存在的意义和功能。当时发生的这种转变与当前的信息革命正好处于同一个转折点。信息技术和信息技术人员现在也要面临同样的遭遇吗？

新兴的印刷革命

人们实际上没有理由认为新兴的信息革命必须完全"高科技化"。因为自1950年以来，我们在这50年里的确经历了一场真正的"信息革命"。但是，这场信息革命不是以计算机和电子产品为基础的。而是印刷这个古老和"没有科技含量"的媒介创造了真正的繁荣，而且是名副其实的繁荣。

1950年，当电视机第一次席卷美国时，人们普遍认为它将成为印刷版图书的终结者。自那以后，美国的人口增加了2/3。高等院校的学生增加了5倍，他们是使用和购买图书最集中的一批人。但是，在美国出版和销售的印刷版图书的数量却至少增加了15倍，甚至可能接近20倍。

人们通常认为最主要的"高科技"公司是第二次世界大战后发展最快的企业，如20世纪六七十年代的IBM和80年代以后的微软。但是，有两个在全世界居于领先地位的出版公司在发展速度上至少不逊于那些高科技公司。一个是德国的贝塔斯曼集团（Bertelsmann）。在希特勒上台之前，它只是一个为新教徒出版祈祷书的小企业，后来受到纳粹的压制。在第二次世界大战后，在创始人的孙子莱因哈德·莫恩（Reinhard Mohn）的领导下，贝塔斯曼集团恢复了活力。该公司现在仍旧是一个私营公司，从不公布销售额或利润额。但是，通过其拥有的出版公司（如美国的兰登书屋（Random House））、书友会和杂志（如法国主要的商业杂志《资本》（Captial）），该公司现在在世界上大多数国家（俄罗斯除外）在出版和发行印刷品（日报除外）方面稳坐世界头把交椅。澳大利亚出生的鲁珀特·默多克（Rupert Murdoch）缔造的传媒帝国也经历了同样快的发展速度。默多克最初在澳大利亚只经营两家省级日报社，而他现在经营的报纸遍及说英语的所有国家，其他使用英语出版的图书出版商和杂志商只能甘拜下风。同时，他还在另一个在计算机出现以前就已经存在的"信息媒介"领域（电影领域）拥有一个大公司。

另一个印刷媒介的发展速度甚至比这些图书出版商快，这就是"面向大众的专业化杂志"。许多发行量大、在20世纪二三十年代风靡美国的"综合类"杂志，如《生活》（*Life*）或《星期六晚邮报》（*The Saturday Evening Post*），都不见了踪影。它们的确是电视的牺牲品。但是，在美国现在有几千种面向大众的专业化杂志，有人估计超过3000种，每种杂志的发行量在5万～100万份，而且大多数杂志社的效益非常好。

最显而易见的例子是商业或经济类杂志。在美国，此类杂志中名列前三名的是《商业周刊》（*Business Week*，周刊）、《财富》（*Fortune*，半月刊）和《福布斯》（*Forbes*，月刊），每种杂志的发行量都接近100万册。在第二次世界大战爆发前，伦敦的《经济学人》（*Economist*）是世界上唯一一个每个星期都系统化地报道全世界的经济、政治和商业状况的杂志，但是当时在英国以外，它几乎默默无闻，而且在英国的发行量也非常小，不到10万册。现在，它单单在美国的发行量每周就超过30万册。

此外，每个领域都有类似的、发行量大的专业杂志，面向不同兴趣的读者，包括卫生保健、交响乐团的管理、心理学、外交事务、住宅维护、计算机等，最重要的是，每种职业、每种行当和每种行业都有自己的专业性杂志。例如，《科学美国》（*Scientific American*）是办得最成功和历史最悠久的杂志之一，是美国人于20世纪40年代后期创办的（更确切地说是复刊）一本月刊，由著名的科学家介绍他们自己研究的科学领域，面向的读者是"热爱科学的外行人"，即其他领域的科学工作者。

为什么**印刷媒介**会取得成功呢？

对于印刷版图书在美国的发展，高等院校的学生可能发挥了不可磨灭的作用。大学教科书和大学教师指定的图书大量增加。但是，增长率排在第二位的一类书在20世纪50年代之前根本就不存在，至少在数量上没有反映出它们的存在。有个德国出版商首先发现了它们的潜力，并率先成立了一个出版社专门出版这种书。他称之为"专业通俗读本"（sachbuch），是专家写给普通读者看的书，但在英语中没有对应的词形容它。这个出版商就是已故的冯·费纳蒲（E. B. von Wehrenalp，他在德国的杜塞尔多夫创办了埃康出版社（Econ Verlag)，它仍旧是我的德语版图书出版商）。当被要求解释"专业通俗读本"的含义时，他说："我们需要享受阅读。图书需要具有教育意义。但是，阅读的目的既不是娱乐，也不是教育。它的目的是提供信息。"

无论是给想了解医学知识的外行人看的杂志，还是面向想了解管道安装和修理行业最新动态的管道工人的期刊，这些面向大众的专业化杂志与图书的情况非常类似。这些杂志都提供信息。最重要的是，它们提供外部世界的信息。面向大众的专业化杂志让某种专业、行当或行业的读者了解到，在他们工作的企业、商店或办公室外都发生了什么事情，内容涉及竞争、新产品和新技术、其他国家的发展状况等，特别是有关本专业、本行业或本行业的从业人员的内容尤其受欢迎（而在所有交流手段中，流言蜚语最能夸大事实，甚至混淆视听）。

现在，印刷媒介已经开始利用电子渠道。亚马逊公司是继

500年前的奥尔德斯·马努蒂厄斯之后发展最快的图书销售公司，他们是通过互联网销售图书。经过短短的几年，该公司一举成为最大的互联网零售商。而贝塔斯曼公司在1998年秋季收购了巴诺连锁书店（Barnes & Noble）50%的控股权，后者是亚马逊公司的主要竞争对手。现在，越来越多的面向大众的专业化杂志都开始发行"在线"版，即通过互联网提供给订户，由订户自己打印出来。IT没有取代印刷业，而印刷业却利用电子技术，通过这个渠道销售**以印刷为载体的信息**。

新的销售渠道必定会改变印刷版书籍。新的销售渠道总是会改变通过它们销售的内容。然而，无论以何种方式提供或保存，它终究是印刷版的产品。而且，它提供的仍旧是信息。

换句话说，信息的市场仍旧存在。然而，这个市场仍然是杂乱无章的，同时，信息的来源也是混乱的。今后几年（肯定不会超过10年或20年），信息的供应与需求将会朝一个方向发展。将来，**真正的新信息革命**将会到来，领导这场革命的不是IT人员，而是会计和出版商。到那时，企业和个人都将需要了解他们需要什么样的信息和如何获得这些信息。**他们必须学会组织信息，使信息成为他们重要的资源。**

企业需要的信息

我们刚刚开始懂得如何利用信息这个工具。然而，对于企业需要的信息系统的主要组成部分，我们已经可以描绘出它们的轮廓了。反过来,我们可以开始了解一些概念,这些概念很可能成为管理人员明天需要管理的企业的基础。

从成本会计向效益控制转变

我们用了大量篇幅讨论如何在会计这个最传统的信息系统中重新设计企业与信息。事实上,许多企业已经放弃了传统的成本会计法,转而采用作业成本法(ABC)。这种方法最初是为制造企业设计的,现在在制造企业中已得到广泛的采用。而服务性行业和大学等非营利性机构也迅速采用了这种方法。作业成本法提出了不同的商业流程概念和不同的计算方法。

传统的成本会计法是70年前首先由通用汽车提出来的。它假定全部制造成本是各个作业环节的成本的总和。然而,关系到竞争力和盈利能力的成本却是整个流程的成本,而且新兴的作业成本法要记录的就是这个成本,从而便于企业对它进行管理。这种方法提出一个基本假设,即企业是一个完整的流程,这个流程从物资、物料和零部件进入工厂的卸货平台开始,一直延续到成品到达最终用户手中之后。服务也计入产品的成本,同时,假使客户支付安装费用,安装也要计入产品的成本。

传统的成本会计法计算做事的成本,例如切割出一圈螺纹。作业成本法还记录不做事的成本，如机器停机的成本、等待所需零部件或工具的成本、等待发货的存货的成本和重新加工或丢弃出现故障的零部件的成本。传统的成本会计法不会记录不做事的成本，而这个成本通常与做事的成本不相上下，有时甚至超过做事的成本。因此，作业成本法不仅可以更好地控制成本，而且它日趋具有控制效益的功能。

传统的成本会计法假设企业需要做某项工作，如热处理，并假设企业需要在现在做的地方做这项工作。作业成本法则问："企业需要做这项工作吗？如果需要，最好在哪里做呢？"作业成本法将过去分几个步骤完成的活动（如价值分析、流程分析、质量管理和成本计算）合并到一项分析中。

采用这种方法，作业成本法可以大幅度地降低制造成本，在某些情况下，幅度达到整整1/3。然而，它对服务业可能影响最大。在大多数制造公司中，传统的成本会计法存在不足。但是，银行、零售点、医院、学校、报社、广播电台和电视台等服务性行业实际上根本就不存在成本信息。作业成本法说明了传统的成本会计法为什么不适用于服务性企业。原因不在于这种方法是错误的，而在于传统的成本会计法提出的假设是错误的。服务性企业不能像制造企业那样采用传统的成本会计法先计算单项工作的成本。它们必须先承认这样的假设，即企业只有一个成本，即整个系统的成本。这个成本在任何特定的时期内都保持固定不变。固定成本与可变成本之间的区别是尽人皆知的，而且是传统的成本会计法存在的基础，但对于服务行业却毫无意义。传统的成本会计法还提出另一项基本假设，即企业可以用资本替代劳动力，而这个假设也不适用于服务行业。事实上，额外的资本投资很可能要求企业增加人手，特别在从事脑力劳动时。因此，医院在购买了一台新的诊断仪器后，任何人都可能不会下岗。它反而需要增加四五个人来操作这台新的仪器。其他知识型组织也需要吸取同样的教训。但是，所有成本在特定时期都保持固定不变和资源无法相互替代的两个假设，恰恰是作业成本法的出发点。在将这些假设运用到服务行业后，我们第一次开始获得成本信息和能够控制成本。

例如，银行几十年来一直试图在企业中推行传统的成本会计法，计算每项工作和服务的成本，而获得的结果几乎是无足轻重的。现在，他们开始提出这样的问题："哪一项活动是成本和效益的中心？"答案只有一个，即为客户服务。在任何主要银行业务中，花在每个客户身上的成本是固定不变的。因此，决定成本和盈利能力的是每个客户的产出，即客户享受到的服务的量和各种服务的组合。零售商，特别是西欧的零售商，早已经掌握清楚这一点。他们认为，货架立好了以后，这部分的成本就是固定不变的，他们面临的管理任务就是在特定时期内最大限度地提高货架的产出。虽然这些零售商的售价和利润率都很低，但是由于他们重视效益控制，因此他们还能够提高盈利能力。

在某些领域，如研究实验室，我们很难计算它们的生产率，因此我们不能采取传统的成本计算法，而是需要采用估算和判断的方法。但是，对于大多数需要利用知识的工作和服务工作，我们将在 10 年内开发出可靠的工具，便于我们计算和管理成本，促使成本能与效益挂钩。

通过深入探讨服务行业的成本计算问题，我们应该可以全新地了解各类企业争夺和留住客户的成本。

例如，如果美国的通用汽车、福特和克莱斯勒等公司能采用作业成本法，它们就能早点认识到，它们在过去 20 年里习惯采用的"闪电式"竞争手段一点儿效果都没有。它们推出的这些竞争手段——向购买新车的客户提供巨幅折扣和巨额现金奖励等促销手段，实际上让三大汽车制造商消耗了大量资金，更糟糕的是，失去了大量客户。事实上，每一个企业的市场份额都一落千丈。由于这些公司都采用传统的成本会计法，因此这些特殊交易的成本或对产出产生的负面影响都无法在会计报表中反映出来，管理层也就无法看到企业所遭受的损失。

由于日本汽车制造商采用的是作业成本法，尽管它们采用的是比较原始的方法，因此丰田、日产和本田等公司没有采取闪电式的折扣方法与美国汽车制造企业竞争，从而保住了它们的市场份额和利润。

从虚构的法律现实向经济现实转变

然而,只了解经营的成本是不够的。要在竞争日趋白热化的全球市场中立于不败之地,企业需要掌握**整个经济链**的成本,需要与经济链中的其他成员合作,共同控制成本,最大限度地提高效益。因此,企业已经开始抛弃只计算组织内部成本的做法,转而计算整个经济流程的成本,而在这个经济流程中,规模最大的公司也只是其中的一个小环节。

对于股东、债权人、雇员和税务局来说,公司这个法律实体是现实存在的。但是,在经济层面上,它却是虚构的。

30年前,拥有可口可乐公司特许经营权的企业遍及全世界。独立的瓶装厂负责生产可口可乐饮料。现在,美国的大多数瓶装厂都归可口可乐公司所有。但是,喝可口可乐饮料的人,包括那些了解这个事实的人,都对此满不在乎。

在市场上,发挥重要作用的是经济现实,即整个流程的成本,无论谁拥有什么。

一个不知道从什么地方冒出来的无名小卒在短短的几年内不费吹灰之力就击败了公认的强者,在商业历史上,这种例子层出不穷。究其原因,人们总是认为是绝妙的战略、先进的技术、有效的市场营销手段或精益制造模式(lean manufacturing)的结果。但是,在每一个这样的例子中,新来乍到的人总是拥有巨大的成本优势，通常在30%左右。原因始终是相同的：新成立的公司不仅对自己的成本了如指掌，而且还掌握和控制了整个经济链的成本。

丰田公司掌握和控制了供应商和销售商的成本，在这方面，它是这类公司最杰出的代表；当然，这些供应商和销售商都是丰田企业联盟的成员。通过这个网络，丰田控制了汽车制造、销售和维修的总成本，使得这些成本合并到一个成本流中，谁的成本最低、效益最高，丰田公司就选择谁（关于企业联盟的历史，请参阅第1章）。

19世纪90年代，阿尔弗雷德·马歇尔（Alfred Marshall）在文章中提出计算整个经济链的成本的重要性，自那以后，经济学家也开始知道它的重要性了。但是，大多数企业家仍旧认为它只是理论上的抽象概念。然而，企业越来越需要管理经济成本链。实际上，管理人员不仅需要组织和管理成本链，而且还要管理其他事务，特别是企业战略和产品的规划。无论经济链中的各个公司在法律上属于哪个国家管辖，管理人员都需要使所有任务融入一个经济整体中。

企业将开始抛弃以成本为导向的定价模式，转而采用以价格为导向的成本计算模式，这种趋势将成为他们开始计算经济链成本的强大动力。西方企业的传统做法是，先计算出成本，然后加上适当的利润，最后得出价格。它们采用的是以成本为导向的定价模式。西尔斯和马莎百货很久以前就开始采用以价格为导向的成本计算模式，其中客户愿意支付的价格促使企业从设计阶段就开始考虑它们能够接受的成本。前一阶段，采用这种模式的企业简直是凤毛麟角。现在，企业对以价格为导向的成本计算模式已经习以为常。

相同的观点适用于外包、联盟和合资企业，实际上也适用于以合作关系为基础，而不是以控制与被控制为基础的任何组织形式。这种实体将取代母公司控制全资子公司的传统模式，特别是在经济全球化的环境中，日益成为成长的模式（有关内容，请参阅第1章）。

对于许多企业来说，选择经济链成本计算模式将是非常痛苦的。要做到这一点，整个经济链中的所有企业都需要有相同的，或至少是相容的会计系统。然而，每一个企业却都按自己的方式组织自己的会计系统，每一个企业也都认为自己的会计系统是唯一可行的会计系统。此外，经济链成本计算模式要求各个企业共享信息，然而，即使在同一个公司中，人们也往往拒绝信息共享。

无论存在什么样的障碍，经济链成本计算模式都是大势所趋的。否则，即使是效率最高的企业在成本上也会处于越来越不利的地位。

创造财富的信息

企业的目标是创造财富，而不是控制成本。但是，这个显而易见的事实却没有在传统的计算方法中反映出来。会计专业的一年级学生通过学习，了解到资产负债表描述的是企业的清算价值，可向债权人提供情况最糟糕时的信息。但是，企业正常经营的目的不是为了清算。企业管理的目的应该是保持经营的连续性，即创造财富。

要创造财富，企业需要运用四套诊断工具：基础信息、生产率信息、能力信息和资源分配信息。这些工具共同构成管理人员在管理当前的企业时所需的工具箱。

基础信息

采用历史最悠久和最广泛的一套诊断性管理工具是现金流量和流动性预测，以及各种标准的测量手段，包括代理商存货量与新车销售量比率、支付债券利息后的收益额和账龄超过六个月的应付款项与应付款项总额和销售额的比率。这些类似于医生在进行例行检查时使用的测量手段，如体重、脉搏、温度、血压和尿液分析。如果测量结果正常，除此之外，我们不会得到更多信息。如果结果异常，说明我们需要找出和解决问题。这些测量手段可以称作基础信息。

生产率信息

第二套诊断工具涉及关键性资源的生产率。历史最悠久的当数第二次世界大战时期出现的、计算体力劳动者的生产率的工具。我们现在正在缓慢地发展计算知识工作和服务工作的生产率（见第 5 章）的测量手段，尽管这些手段仍旧是比较原始的测量手段。然而，仅仅计算员工（包括蓝领和白领）的生产率，我们也获得不了足够的生产率信息。我们需要综合要素的生产率数据。

这也是人们越来越多地采用经济增加值分析法（EVA）的原因。很早以前我们就对它的基础一清二楚，即我们通常认为留给服务企业分配的资金就是利润，而它根本就不是利润，最多是名副其实的成本。在企业获得的利润大于资金成本前，企业始终处于亏损状态。企业上缴利税，似乎说明企业真正盈利了。这也没关系。企业对经济的回报仍旧小于对资源的索取。除非利润超过资金的成本，否则企业都无法收回全部成本。在收回成本之前，企业不是在创造财富，而是在破坏财富。如果偶尔以这个标准衡量的话，第二次世界大战以后，美国几乎没有盈利的企业。

通过计算所有成本的增加值，包括资金成本，EVA实际上计算的是生产过程中所有要素的生产率。这种方法本身并不能告诉我们，为什么某种产品或服务没有带来增加值或针对这种情况应采取什么措施。但是，它让我们知道，我们需要发现什么问题，让我们知道，我们需要采取措施。我们还可以利用EVA找出有效的措施。它的确可以告诉我们，哪些产品、服务、工作或活动的生产率和增加值出奇的高。然后，我们可以问我们自己："我们可以从这些成功经历中学到什么呢？"

标杆（benchmark）是获取生产率信息的最新工具，这种方法将企业自己的绩效与业内最佳的或世界上最佳的绩效放在一起进行比较。标杆假设一个组织能做的事情，任何其他组织都可以做到。这种假设是正确的。它认为任何企业都需要具有全球竞争力（参阅第 2 章），这也是正确的。它还认为具有竞争力的前提条件是至少与领先者做得一样好，这同样是正确的。EVA 和标杆共同组成一套计算和管理综合要素生产率的诊断工具。

能力信息

第三套工具是关于能力的。要傲视群雄，企业需要有常人所不及的能力或拥有别人照猫画虎都很难达到的能力。要傲视群雄，核心能力是关键，通过这种能力，生产企业或供应商发现自己所具有的特殊能力能够满足市场或客户的特殊需要。

例如，日本人能够将电子元器件的尺寸压缩到非常小的程度，他们的这种能力源自他们的艺术传统——印笼（inro）和挂件（netsuke），它们都有 300 年的历史，前者是一种非常小且光亮的盒子，人们可以在上面画上风景画，后者是一种更小的纽扣，上面绘有各种各样的动物，通过这种挂件，人们可以将印笼系在腰带上。通用汽车在过去 80 年里独具慧眼，成功收购了一家又一家企业；马莎百货也有独到之处，它为中产阶级设计出事先包装好的和无须加工即可食用的美食。但是，我们怎样才能发现我们已经具有的核心能力和企业要取得和保持领先地位所需的核心能力呢？我们如何知道我们的核心能力是增强了，还是削弱了？或者，我们的核心能力是否仍旧是我们所需要的核心能力？核心能力需要发生哪些变化？

迄今为止，关于核心能力的讨论大体上没有详细的记载。但是，许多高度专业化的中型企业正在提出一整套衡量和管理核心能力的方法，包括瑞典的一家医药制造企业和美国的一家专业工具生产企业。

第一步是密切关注本企业和竞争对手的绩效，特别要留意意想不到的成功和在本应做得好的方面却意外出现的低于标准的绩效。成功说明企业找对了市场的切入点，并将有所回报。成功显示出企业拥有领先优势的领域。不成功则在第一时间表明市场发生了变化，或者企业的能力在削弱。

通过这样的分析，企业可以提前发现机会。

通过密切关注意想不到的成功，美国的一家机床制造企业发现日本许多小型机械修理店也在购买该公司生产的昂贵的高科技机床，而在设计过程中，该公司并未考虑到日本人的需求，也没有打算向他们销售机床。这使得该公司认识到新的核心能力：尽管它的产品在技术上非常复杂，但是这些产品具有易于维护和易于维修的特点。后来在设计产品的过程中，该公司就考虑到这个问题，从而占据了美国和西欧的小型工厂和机械修理店市场，而从前，该公司实际上根本就没有考虑到这些市场。

不同的组织有不同的核心能力，可以说这是组织的一个"个性"。但是，每个组织（不仅仅是企业）都需要一个核心能力：创新。而且，每个组织都需要有办法记录和评估创新的绩效。在已经记录和评估创新的绩效的企业中（包括第一流的医药制造企业），其出发点不是企业自己的绩效，而是要在特定时期内详细记录整个领域的创新活动。在这些创新活动中，哪些是真正成功的创新？我们的创新有多少？我们的绩效符合我们的目标吗？符合市场的发展方向吗？符合我们的市场地位吗？与我们在研究方面的投入相称吗？我们取得成功的创新活动是发展最快、机会最多的领域吗？有多少真正重要的创新机会我们没有抓住？为什么没有抓住？是因为我们没有发现这些机会，还是因为我们发现了这些机会，但没有利用这些机会，抑或因为我们的工作做得不够好？在将创新转化为商业化生产的产品上，我们做得怎么样？无可否认，其中许多问题都是对核心能力的评估，而不是测量核心能力。这种评估不是在回答问题，而是提出问题，提出的是正确的问题。

资源分配信息

在管理当前的企业、实现创造财富的目标的过程中，我们需要的最后一个诊断信息是稀缺资源的分配，而这种稀缺资源就是资本和利用资本的人。这两种资源将管理人员在管理企业的过程中所拥有的所有信息转化为行动。他们是企业经营成败的决定因素。

大约70年前，通用汽车公司提出了第一套资本拨款流程。现在，几乎所有企业都采用了资本拨款流程，但是正确使用这个流程的企业并不多见。企业一般只根据以下一两个标准估算它们的资本拨款需求：投资回报率、偿还期、现金流量或贴现后的现值。但是，我们很早就知道（自20世纪30年代初起），在这些方法中，没有一个是正确的方法。要了解计划投资的数额，企业需要全面地考察上述4个标准。在60年前，处理这些数据需要漫长的时间。现在，一台笔记本计算机在几分钟内就可以完成这个任务。60年前，我们就知道，管理人员不应孤立地审查一个资本拨款项目，而应选择机会最好、风险最小的项目。这样，企业需要制定一个资本拨款预算，列出所有选择。不过，能这么做的企业简直太少了。

然而，更严重的问题是，大多数资本拨款流程都没有包括两类重要信息：

- 每 5 个投资项目中有 3 个可能不会取得预期的结果。如果企业计划投资的项目真的不能取得预期的结果，企业会面临什么情况呢？企业会受到重创，还是无关痛痒？
- 如果投资项目取得成功，特别是成功得出乎我们的意料，我们应采取何种对策呢？

另外，企业需要为资本拨款项目设定具体的期限：我们什么时候可以看到什么样的结果？然后，有关人员需要汇报和分析项目的结果，包括成功、接近成功、接近失败和失败。要提高组织的绩效，最好的办法是对比资本投资的效果与承诺和期望取得的效果，而组织就是根据承诺和期望取得的效果批准投资项目的。在过去 50 年中，如果我们能采用这种办法定期提供有关政府项目的反馈信息，美国今天的状况该有多么好？

然而，资本只是组织的一个重要资源，而且绝不是最稀缺的资源。任何组织中最稀缺的资源是执行任务的人。

第二次世界大战以后，美国军方已经知道如何检验人事任命决定的正确性。现在，在任命高级军官担任重要的指挥职务前，军方都会思考他们要求这些高级军官能取得什么样的成绩。然后，他们根据这些要求评估军官的绩效。同时，军方会不断地根据其任命的成败评估自己选择高级指挥官的流程。迄今为止，任何组织在这方面做得都没有美国军方好。

在人事任命上，企业、大学、医院和政府机构实际上还不了解如何就被任命者的工作业绩提出具体的要求和系统化地评估他们的工作成果。为了创造财富，管理人员需要有意识和仔细地分配人力资源，对人和资本都要一视同仁。

效益的源泉

上述4类信息只是让我们了解企业的现状。在战术上，它们提供的是信息和指导。在战略上，我们需要有关我们所处的环境的有效信息。在制定战略时，我们需要以各种信息为基础，包括市场、客户和客户以外的人，本行业和其他行业的技术，全球金融业，千变万化的世界经济。这些信息就是效益的源泉。在组织中只有所谓的成本中心。企业唯一的利润中心是"能带来可以签发支票的顾客"。

重大的变革总是先在组织的外部发生。零售商可能更多地了解到它的店里购物的客户。但是，无论零售商做得多么成功，它所拥有的市场份额和客户仍旧只是大海中的一滴水；绝大多数人都不是它的客户。基本变革总是由客户以外的人引发的，而且这种变革总是会越演越烈。在过去50年里，在改变某个行业的面貌的重大新技术中，至少有一半的新技术都不是本行业的技术。彻底改变美国金融业的商业票据就不是银行自己的产物。分子生物学和遗传工程学也不是源自制药业。虽然绝大多数企业将继续只在当地或本地区经营，它们都将面临至少有可能面临来自全球不同地方的竞争，有些地方它们甚至都没有听说过。

当然，尽管我们可以查阅面向大众的专业化杂志，但是我们不可能获得全部所需的、有关外部的信息。20世纪60年代，许多美国公司在不了解当地劳动法规的情况下贸然进入欧洲市场。在没有掌握足够信息的情况下，欧洲公司也盲目地到美国投资办厂。20世纪90年代，日本人在加利福尼亚州的房地产投资遭受了意想不到的失败，主要原因是他们对美国的分区制度和税收制度的基本情况知之甚少。

我们普遍存在这样的观点，即我们认为税收、社会法规、市场取向、销售渠道、知识产权等方面是什么样的状况，或者至少应该是什么样的状况，它们就必须是什么样的状况，这种观点往往就是企业经营失败的重要原因。

一个恰当的信息系统需要包括帮助管理人员对上述观点提出质疑的信息。这个系统不仅要向他们提供他们需要的信息，而且必须引导他们提出正确的问题。首先，它假设管理人员知道需要什么样的信息。其次，它要求管理人员定期获取他们所需的信息。最后，这个系统要求管理人员系统化地将这些信息融入决策过程中。

这些只是开始。这些只是组织"商业智能"的第一步，而商业智能就是有关全世界现在存在的和可能出现的竞争对手的信息。联合利华、可口可乐、雀巢、日本的一些贸易公司和几个大型建筑公司等跨国公司，已经开始努力建立收集和组织外部信息的系统。但是，大多数企业大体上还没有开始启动这项工作。这个问题日益成为所有企业的主要信息挑战。

管理人员开展工作所需的信息

在信息技术中，许多都是面向个人的数据处理设备。但是，随着信息的发展，人们的主要注意力始终放在企业用的信息上，本章对信息的讨论也是如此。但是，管理人员（特别是所有知识工作者）在执行自己的工作时使用的信息却更加重要。对于一般的知识工作者，特别是对于管理人员来说，信息是他们的重要资源。信息逐渐将他们与他们的同事、组织和"网络"连接在一起。换句话说，帮助知识工作者开展工作的是信息。

现如今，我们已经认识到除了知识工作者和管理人员外，没有人能够提供他们所需的信息。但是，能努力决定需要什么样的信息的管理人员屈指可数,而决定如何整理这些信息的管理人员就更少了。他们往往依靠数据的制造者(IT人员和会计人员)为他们做这些决策。但是,数据的制造者不可能知道用户需要什么样的数据,需要将什么样的数据转变为信息。只有知识工作者,特别是管理人员自己才可以将数据整理为有用的信息,并利用在工作上。

要提供工作所需的信息,管理人员首先需要问自己以下两个问题:

"我应该向与我共事的人和我信赖的人提供什么样的信息?以什么形式提供?在多长的期限内?"

"我自己需要什么样的信息?由谁提供这些信息?以什么形式提供?在多长的期限内?"

这两个问题是紧密联系在一起的,但是它们又各不相同。"我应该向别人提供"应摆在第一位,它建立了一个沟通的渠道。如果没有沟通的渠道,那么管理人员就不会得到反馈的信息。

60年前,即1938年,切斯特 I. 巴纳德(Chester I. Barnard, 1886—1961)出版了他的第一部著作《经理人员的职能》(*The Functions of the Executive*)。自那以后,我们认识到上述问题。然而,虽然巴纳德的著作得到各界的普遍称赞,但是它几乎没有造成什么实际的影响。对于巴纳德来说,沟通是一个笼统和粗略的概念。它体现的是人际关系和私下里的关系。然而，要在工作场所提高沟通的效率，沟通的重点不在沟通的人本身。在沟通的过程中，我们应侧重于共同的任务、共同的挑战，总之是要做的工作。

在问过"我应该向谁提供信息，这样他们可以开展工作"这个问题后，沟通的重点就集中在共同的任务和工作上了。沟通就有了效果。因此，第一个问题（适用于任何有效的关系）不是"我想要和需要什么样的信息"，而是"其他人需要我提供什么样的信息"和"这些其他人是什么人"。只有在问过这些问题后，我们才能进一步问："我自己需要什么样的信息？由谁提供这些信息？以什么形式提供？在多长的期限内？"

提出这些问题的管理人员将很快发现，在他们所需的信息中，绝大多数都不是他们公司自己的信息系统提供的。有些信息来自会计部门。然而在许多情况下，我们需要重新思考、重新表述和重新整理这些信息，这样管理人员才能在工作中用到它们。

唯一可以回答"我需要提供什么样的信息，提供给谁，以什么形式提供"的是其他人。因此，要获得管理人员工作所需的信息，第一步是找到每一个与管理人员共事的人，找到管理人员信赖的每一个人，找到每一个需要知道自己在做什么的人，然后问他们。但是，需要做好回答的准备。其他人应该会反过来问："你需要我提供什么样的信息？"因此，管理人员需要首先思考一下这两个问题，但是随后，他们应该先找到这些其他人，让他们告诉管理人员："我需要向你提供什么样的信息？"

这两个问题（"我需要提供什么样的信息"和"我需要什么样的信息"）听起来简单明了，可回答起来并不简单。每一个问过这样问题的人都很快发现，要回答这些问题，我们需要缜密思考、做大量的实验和艰苦卓绝的工作。而且，答案不是永久不变的。事实上，我们需要每18个月再问一遍这些问题。在每次发生真正的变革时，我们都需要再问一遍，例如企业的经营之道发生变化时，个人的工作和任务发生变化时，或其他人的工作和任务发生变化时。

如果我们认真地提出这些问题，我们就会很快了解我们需要什么样的信息和需要提供什么样的信息。然后，我们就可以着手整理这些信息。

整理信息

如果我们不整理信息，信息仍旧只是数据。要使信息体现出有意义的内涵，我们必须对它们进行整理。然而，对于什么样的信息以何种形式出现才能体现出有意义的内涵，特别是在我们的工作中，信息在什么样形式的组织中才能体现出它们的内在意义，我们却一无所知。而且，为实现不同的目标，我们可以利用不同的方式整理同样的信息。

举例来说，在杰克·韦尔奇于1981年担任通用电气公司的CEO以来，该公司创造了大量财富，世界上任何其他公司都不能望其项背。对于各个业务部门的绩效，通用电气公司可以根据不同的目标采用不同的方式对同样的信息进行整理。这就是它取得成功的主要因素之一。它保留了传统的财务和市场营销报表，而大多数公司每年就是采用这种方法对自己的业务进行评估的。但是，在制定长期战略时，该公司也需要同样的数据，但需要采用不同的方法整理这些数据，这样公司对意料之外的成功与失败、实际结果与预期的设想有很大出入的方面一目了然。第三种整理同样数据的方法是侧重于企业在创新方面的绩效，这方面成绩的好坏成为决定业务部门的总经理和高级管理人员的报酬与奖金的主要因素。最后，为了了解业务部门及其管理层如何对待和发展员工，该公司也需要采用不同的方法整理同样的数据，这也成为决定业务部门的管理人员特别是总经理升迁的关键性因素。

以我的经验，每一个管理人员都是采用不同的方法整理同样的信息的。他们必须按照自己的工作方式整理这些信息。但是，在整理信息时，我们可以选择几种基本的方法。

一种方法是关键事件。哪些事件是关系到我能否完成其余工作的"转折点"？关键事件可能是技术事件，如研究项目圆满完成。它可能涉及员工及其职业发展，可能涉及向重要客户提供新产品或新服务，可能涉及争取到新的客户。什么是重要事件往往是由管理人员个人决定的。然而，这是一项管理人员需要与其信赖的人员进行讨论的决策。组织中的任何人都需要与他们的同事进行沟通，特别是要与他们自己的上级沟通，这可能是最重要的事情。

另一种重要的方法在概念上来源于现代概率理论，而这种概念是全面质量管理的基础。在正常的概率分布区间内正常波动的事件与异常事件的差别就是这种方法的具体体现。只要某种事件（如制造流程中的质量）在正常的概率分布区间内波动，我们就不需要采取行动。这种波动只是数据，而不是信息。但是，超出可接受的概率发布范围的异常事件就是信息。它要求我们采取行动。

再一种整理信息的基本方法来源于阈值现象（threshold phenomenon）理论，这个理论是认知心理学（perception psychology）的基础。德国物理学家古斯塔夫·费希纳（Gustav Fechner，1801—1887）首先认识到，在某种行为（如针刺）达到一定强度前，或达到某个感知阈值前，我们是不会有感觉的。这个规律也适用于许多现象。实际上，它们不是"现象"。在它们达到一定强度或达到感知阈值前，它们只是数据。

这个理论适用于许多事件，包括工作中和个人生活中的事件，它有助于我们将数据整理成信息。当我们谈起经济"衰退"时，我们说的是阈值现象：当销售额和利润的下降趋势达到一定阈值时，例如这种趋势在某个时间段后仍旧没有停止的迹象,那么这种下降趋势就是衰退。同样,如果某种疾病在一定人群中达到和超过某个阈值,那么它就具有了"流行性"。

在整理有关人事事件的信息时,这种概念尤其有用。如果事故、剧变、牢骚等事件达到一定的阈值,我们就要格外重视这些事件。但是,这个概念也同样适用于企业在创新方面的绩效,只是在企业里,如果创新方面的绩效的下降幅度低于感知阈值,企业就要引起重视和采取行动。总而言之,在决定什么时候一系列事件会发展成"趋势",要求人们重视和可能需要采取行动时,以及在决定什么时候事件不具有特别的意义(即使这些事件看上去非常引人注目)时,阈值概念是最有用的概念之一。

最后,许多管理人员发现,在有效整理信息方面有一种非常简单的方法,即及时获得不同寻常的事件的信息。

"经理报告"就是一个例子。受经理管理的人每月要向经理递交报告,汇报在他们工作和行动的范围内发生的任何不同寻常与意想不到的事件。在这些"不同寻常"的事情中,大多数都可以忽略不计,而且没有风险。但是,"例外"事件会反复出现,这些事件是在正常的概率分布区间外发生的事件。有些事件是一连串发生的事件,孤立地看,它们似乎无关紧要,但是如果将它们放在一起,它们就变得事关重大。管理层的报告会逐渐提出重视的方式。这些事件会越来越多地传达出信息。

全在意料之中

如果知识工作者和管理人员不参与信息系统的设计，那么向他们提供工作所需信息的信息系统就不是完美的系统。但是，随着时间的推移，这些系统会得到稳步改善。如果所有事件都是在意料之中发生的事件，那么这就是对信息系统的最终考验。在事件变得越来越严重之前，管理人员就已经做了相应的调整，分析和了解这些事件，并采取相应的措施。

例如，20世纪90年代末，美国有三四家金融机构并没有因亚洲金融危机而措手不及，能做到这一点的金融机构的确是屈指可数的。它们认真思考了涉及亚洲经济和货币的"信息"的内涵。它们逐渐剔除了它们在亚洲国家开设的分公司和分支机构提供的所有信息，它们开始认识到，这些只是"数据"。它们进而开始整理各种信息，如这些国家的固定投资和证券投资比率、证券投资（即短期借款）与国际收支差额比率以及偿还短期外国债务的能力。很早以前，这些比率就已经不利于亚洲国家，在亚洲引发危机在所难免，而这些金融机构的管理人员早已经预见到金融危机已经迫在眉睫。他们意识到他们需要做出决策，是为了短期的利益而撤出这些国家，还是出于长期战略考虑留在亚洲，但可能要冒些风险。换句话说，他们已经认识到，哪些经济数据对新兴国家来说是有意的数据，并对这些数据进行整理、分析和解释。他们将这些数据转化为信息，并早早地决定了要采取的行动。

反观绝大多数在亚洲大陆做生意和/或投资的美国、欧洲和亚洲公司，它们依靠它们在这些国家工作的员工提供的报告做出决策。这样它们获得的根本就不是信息，事实上是错误的信息。然而，只有那些多年以来一直在问这样一个问题的管理人员才做好了充足的准备，这个问题就是："对于我们在泰国或印度尼西亚做生意来说，哪些信息是有意义的信息呢？"

同时，人们常常简单地认为，大量的数据就等同于信息，好像有了厚厚的城市电话簿，我们就没有必要知道谁想找谁、他们的姓名或职业是什么以及他们为什么要通话。管理人员需要了解两件事：**剔除**与他们所需的信息无关的数据；整理、分析和解释数据，然后根据获得的信息采取**行动**。信息的目的不是掌握信息，而是能够采取恰当的行动。

走出去

亚洲大陆新兴经济的崩溃使得许多发达国家的公司感到措手不及，这些例子凸显了获取有意义的外部信息的重要性。

对于管理人员来说，要获取这些信息，最终只有一种办法：**亲自走出去**。无论报告写得多么好，无论支持这些报告的经济或金融理论多么合理，亲身和直接的观察体验是任何其他方法都无法替代的，而且需要真正地走出去观察。

英国的连锁超市一而再再而三地试图在它们的邻国爱尔兰发展业务，但是成功者寥寥无几。爱尔兰首屈一指的连锁超市是菲里戈·奎恩（Fergal Quinn）创办和经营的超级奎恩百货集团（SuperQuinn）。他取得成功的秘诀不是物美价廉。他和公司的所有管理人员每周都要花两天的时间到办公室外体验生活。这就是他的秘诀。其中一天，他们实际上是在超市工作，例如在收款台提供服务或担任易腐食品部门的经理。另一天，他们要去竞争对手的商店里，观察竞争对手的员工和顾客，听他们谈什么并与他们交谈。

美国最大的医院用品供应公司的创始人兼首席执行官每年有四个星期（每年两次，一次两个星期）都要顶替休假的销售人员做销售工作。他要求公司的所有高级管理人员都这样做。每当正式的销售人员返回工作岗位时，客户都会问："哪个笨蛋占了你的位置？他总是问我为什么不从你这儿买东西，而是从其他供应商那儿买东西。他对卖出你卖的东西尤其不感兴趣。"这恰恰是他们工作的中心。

前人早就领悟到，医生要提高自己的水平，在医院里当两个星期的患者是最好的办法。

市场调研和焦点小组（focus group）等方法得到人们的高度重视，而且得到了恰当的重视。但是，这些方法仍旧总是侧重于公司的产品。它们不是以客户要买的和感兴趣的东西为中心的。只有从客户、销售人员、患者的角度出发，我们才能真正获得有关外部的信息。当然，这些信息仍旧只是与客户和不是客户的人有关的信息。然而，管理人员在开展工作时需要的其他外部信息是什么样的信息呢？他们如何获得这些信息呢？

顺便说一下，正是上述原因使得管理人员在非营利机构（请参阅第 6 章）中担任志愿者变得非常重要，这种经历不仅使他们可以为自己的后半生做好各方面准备，而且可以通过这样的方式获取外部信息，即了解其他有不同工作、背景、知识、价值观和观点的人如何看待世界、如何行动、如何反应和如何决策。也是因为上述原因，成功人士继续受教育将变得越来越重要。在学习大学课程的过程中，45 岁左右、已取得成功的知识工作者（包括企业管理人员、律师、大学校长等）被迫与不同背景和不同价值观的人共处。通过这种方法，管理人员不仅可以更新知识，还可以获得他们需要的东西：外部信息。

从长远的角度考虑，外部信息可能是管理人员开展工作所需的最重要的信息。同时，这种信息仍旧需要整理。它不仅是采取正确行动的基础，还是迎接后两章所讨论的挑战的基石。要发挥外部信息在这两方面的作用，在很大程度上，管理人员需要了解哪些信息是他们开展工作所需要的，需要知道他们应该向其他人提供什么样的信息，需要系统化地提出有效的方法，从而将存在于缤纷世界中的杂乱无章的数据转化成便于他们开展工作的、条理清晰和有的放矢的信息。

CHAPTER 5 | 第 5 章

知识工作者的生产率

体力劳动者的生产率——有关体力劳动的生产率的理论——体力劳动者的生产率的未来——我们所知道的知识工作者的生产率——任务是什么——视知识工作者为固定资产——技术人员——系统化的知识工作——如何开始——公司管理

导　　言

20 世纪，制造行业的**体力劳动者**的生产率增长了 50 倍，这是管理做出的最重要的贡献，实际上也是真正独一无二的贡献。

21 世纪，管理需要做出的最重要的贡献与 20 世纪的贡献类似，它要提高知识工作和知识工作者的生产率。

20 世纪，企业最有价值的资产是生产设备。21 世纪，组织（包括企业和非营利性组织）最有价值的资产将是知识工作者及其生产率。

体力劳动者的生产率

首先，看看我们所处的位置。

有教养的人第一次真正地深入了解体力劳动和体力劳动者，并开始对他们进行研究，仅仅只有一百零几年的历史。希腊的伟大诗人赫西奥德（Hesiod，公元前6世纪）和500年以后罗马的伟大诗人维吉尔（Virgil，公元前1世纪末），在他们的诗中颂扬了农民的辛勤劳动。这些诗歌在任何语言中都是流芳百世的佳作。但是，无论是他们颂扬的辛勤劳动，还是农民本身，都与他们所处的现实相去甚远，也没有表达出任何共同点。赫西奥德或维吉尔手上没有拿过镰刀，也没有放过羊，更没有深入了解过做这些事情的人。在距维吉尔那个时代1900年后，卡尔·马克思（Karl Marx，1818—1883）开始在著作中提到体力劳动和体力劳动者。第一个深入了解他们，即作为一名体力劳动者劳动，然后对体力劳动进行研究的是弗雷德里克·温斯洛·泰勒。

当然，我们今天称之为"生产率"（这个术语仅仅有50年的历史）的东西，在有文字记录的历史长河中（实际上在出现文字记录之前）曾数次有过平稳增长的经历。但是，这些增长的经历都是采用新工具、新方法和新技术的结果；它们的增长体现的是经济学家今天称之为"资本"的东西的增长。在人类历史中，经济学家今天称之为"劳动力"的东西（即工人的生产率）出现增长的情况却乏善可陈。工人只有通过更努力地工作或延长劳动时间才能生产出更多的东西。在人类历史中，这是不言而喻的事情。在大多数问题上，19世纪的经济学家与今天的经济学家都持有不同的观点。但是，从大卫·李嘉图（David Ricardo, 1772—1823）到卡尔·马克思，他们都一致地认为，不同工人在技能上可能存在着巨大的差异，但是除了有勤劳与懒惰、身强体壮与体弱多病的区别，工人的生产率不存在任何差别。在当时，生产率的概念并不存在。现在，它仍旧是一个"无关紧要"的因素，在当代的大多数经济理论（例如凯恩斯和奥地利学派的理论）的公式中，它并没有被考虑在内。

在泰勒首次深入了解和研究体力劳动后的10年间，体力劳动者的生产率出现了空前的提升。从此以后，生产率以每年3.5%的复合增长率稳步提高，这意味着，自泰勒以后，生产率增加了50倍。没有这个成就，20世纪在经济和社会上取得的所有进步也就不可能实现。体力劳动者的生产率创造了我们今天所谓的"发达"经济。在泰勒之前，"发达"经济根本就不存在，所有国家的经济都同样是"不发达的"。在今天的不发达经济或"新兴"经济中，体力劳动者的生产率没有或至少还没有得到充分的发挥。

有关体力劳动的生产率的理论

泰勒的理论听起来非常简单，但实际上并不简单。

提高体力劳动者的生产率的第一步，是深入了解体力劳动者的任务和分析构成任务的动作。下一步是记录每一个动作、完成每个动作需要的体力和时间。然后，我们可以剔除多余的动作。每当我们深入了解体力劳动时，我们都会发现，许多过去被视为天经地义的程序，现在看来都是毫无价值的东西，而且是可有可无的。然后我们确定每一个生产出成品所必需的动作，并以最简单、最容易、操作人员所能承受的体力与精神压力最小和耗时最短的方式完成这些动作。随后，我们按逻辑顺序将这些动作合并到一起，使之成为一项"工作"。最后，我们重新设计完成这些动作所需的工具。只要我们能深入了解任何工作，无论这项工作已经做了几千年，我们都会发现，传统的工具完全不是完成任务所需的恰当工具。例如，在铸造厂使用铁铲搬运沙子就属于这种情况，这也是泰勒的第一个研究项目。铁铲的形状不对,尺寸不对,把手的选择也不对。我们还发现,外科医生使用的传统工具也存在同样的情况。

泰勒的理论听起来再简单不过了——有效的方法总是简单的方法。但是,泰勒通过反复试验,用了 20 年的时间才取得这样的成果。

在最近 100 年中,我们无数次地改变、修正和改进这套方法。它的名称在 20 世纪里也发生了更迭。泰勒自己一开始称之为"任务分析"或"任务管理"。20 年后,它变为"科学管理"。又过了 20 年,即在第一次世界大战后,在美国、英国和日本,它叫"工业工程",在德国叫"合理化"。

由于泰勒和他的方法树大招风,备受争议,因此有些人利用几乎标准的"公共关系"理论,声称自己的方法可以"否定"或"取代"泰勒的方法。当泰勒实际深入了解体力劳动时,他看到的与诗人和哲学家(从赫西奥德和维吉尔到卡尔·马克思)在颂扬体力劳动时描述的完全是两回事。他们都赞美"技能"。泰勒指出,体力劳动根本就不存在技能,只有简单和重复性的动作。能够提高体力劳动的生产率的是知识,即按照一定的方法将简单和无须技能的动作合并在一起,对它们加以组织,并执行这些动作。事实上,泰勒是第一个认为知识与劳动有直接关系的人○。

正是这个原因使得泰勒与当时的工会存在着不可调和的矛盾,这些工会都是同业工会,它们赖以谋生的基础就是绝不外传的手艺,它们也就是靠这种手艺控制着整个行业。此外,泰勒主张,企业应根据工人的生产率支付报酬,即根据他们的产出,而不是根据他们的投入(如按小时计算的工作时间)。现在的工会仍旧对这种观点嗤之以鼻。但是,由于泰勒认为体力劳动是由一系列操作活动组成的,因此本身不做任何体力劳动的人大多拒绝接受泰勒的主张,这些人包括古代诗人和哲学家的后裔、文艺界和知识分子。泰勒破坏了体力劳动所具有的浪漫主义色彩。体力劳动由"高贵的手艺"摇身一变成为一系列简单的动作。

然而,在最近100年中,许多人尝试采用各种方法提升体力劳动者的生产率,进而增加他们的工资,尽管许多人强调他们的方法不同于泰勒的方法,但是即使是效果最小的方法也是以泰勒的理论为基础的。"劳动扩大法""劳动充实法"和"工

○ 与泰勒几乎处于同一个时代的威廉·奥斯勒(William Osler,1849—1919)与泰勒一样也对体力劳动做了深入研究,但他研究的是医学这种最古老的知识型职业,同时,他也在他于1892年出版的著作《临床医学和原理》(The Principles and Practice of Medicine,有人认为它是公元前3世纪欧几里德撰写的《几何学》后出现的最好的教科书,这一点仍存在争议)中提到了他的研究成果。人们恰如其分地称奥斯勒所做的研究是科学管理理论在医学诊断中的应用。奥斯勒与泰勒一样都认为,体力劳动没有"技能",只有方法。

作轮换法"等方法也是一样，都是采用泰勒的方法减轻工人的劳动强度，从而提高工人的生产率。亨利·福特的流水生产线（1914年出现的，当时泰勒已经因年迈多病而退休了）也是一样，在他的生产线中，泰勒的任务分析和工业工程理论延伸到体力劳动的整个流程当中。日本人提出的"质量圈"（quality circle）、"持续改善"（kaizen）和"准时生产"（just-in-time delivery）等概念更是一样。

W. 爱德华·戴明（W. Edwards Deming，1900—1993）提出的"全面质量管理"是最好的例子。他所做的就是严格按照泰勒的方法分析和组织工作，这也是全面质量管理的精髓所在。但是随后在1940年左右，他在（泰勒去世后10年才出现的）统计学理论的基础上增加了质量控制（quality control）。最后，在20世纪70年代，他用闭路电视和计算机模拟法替代泰勒的秒表和动作分解照片（motion photo）法。但是，戴明的质量控制分析法与泰勒的效率专家法（efficiency engineers）简直一模一样，而且具有相同的作用。

尽管泰勒有许多缺点，但是他的影响力是其他美国人所无法比拟的，包括亨利·福特。"科学管理"（及其替代者"工业工程"）成为一种风靡全世界的美国哲学体系，其影响力甚至超过了美国宪法和《联邦主义者文集》(Federalist Papers)。19

世纪唯一能够与泰勒的理论分庭抗礼的世界性哲学体系就是马克思主义。最后，在泰勒与马克思的较量中，泰勒脱颖而出。

第一次世界大战期间，科学管理及福特公司以泰勒的理论为基础的生产线席卷了整个美国。20 世纪 20 年代，科学管理在西欧大行其道，并开始登陆日本。

德国和美国在第二次世界大战期间所取得的成就要直接归功于它们在培训或训练中运用泰勒理论的做法。在第一次世界大战中战败后，德国总参谋部在士兵的职责和军事训练中运用了"合理化"理论，即泰勒的科学管理理论。在这个基础上，希特勒得以在短短 6 年（从希特勒上台到 1939 年）中建立起一台庞大的战争机器。美国先在第一次世界大战期间尝试运用同样的理论培训产业工人，然后在第二次世界大战期间全面推广泰勒的理论。虽然美国参军的男性要比德国多，同时在工厂从事生产的男性比德国少，但是由于美国全面推广了泰勒的理论，因此美国在工厂的产量上要胜出德国一筹。另外，由于采用了基于培训的科学管理法，美国普通工人的劳动生产率是希特勒统治下的德国和欧洲的两三倍。科学管理使得美国能够在战场上比德国和日本集中更多的兵力，同时在产量上仍可以比德国和日本多出几个数量级。

1950 年以来，西方国家以外的其他国家大多都仿效美国在第二次世界大战期间的做法发展自己的经济，它们利用科学管理理论提升体力劳动者的生产率。在此之前取得的所有经济发展成就都是以技术创新为基础的，首先是 18 世纪的法国，其次是 1760～1850 年的英国，最后是 19 世纪下半叶新崛起的经济大国德国和美国。然而，在第二次世界大战后发展起来的非西方国家，从日本开始，没有采用技术创新的方式。它们反而引入了美国在第二次世界大战期间在泰勒理论的基础上发展起来的培训方式，并利用这种培训方式几乎在一夜之间大幅度提高了工人的生产率。而在当时，这些工人大部分无一技之长，而且这些国家仍旧未进入工业化阶段（例如，1950 年日本几乎 2/3 的劳动人口仍旧以种田为生，除了种水稻以外，他们在任何工作上都缺乏技术培训）。然而，虽然这些新兴的劳动力具有较高的生产率，但是在长达十年左右的时间里，他们的工资仍旧处于工业化之前的水平，因此发达国家可以生产的产品，这些国家或地区（先是日本，然后是韩国，随后是中国台湾和新加坡）也可以生产，但劳动力成本只是发达国家的一个零头。

体力劳动者的生产率的未来

泰勒的理论当时是为制造业的体力劳动设计的，而且一开始只适用于制造业。但是，即使在这些传统的缺陷内，它的应用范围仍旧非常广阔。在仍旧靠体力劳动，特别是靠制造业的体力劳动来维持社会和经济发展的国家（即"第三世界"国家，它们有大量的年轻人口，而且数量还在不断增加，同时这些人几乎没有受过什么教育，几乎没有什么技能）中，泰勒的理论仍旧将是它们的组织原则。

但是，我们需要做大量要求手工操作的知识工作，包括要求利用非常先进和非常全面的理论知识完成的工作。这些操作的劳动生产率也离不开工业工程法。有关这部分内容，我们将在本章后半部分予以讨论。

尽管如此，在发达国家中，最主要的挑战不再是提高体力劳动的生产率，在这方面，我们毕竟知道怎么做。我们面临的首要挑战将是提高知识工作者的劳动生产率。在每一个发达国家，知识工作者都迅速成长为一支规模最大的劳动力大军。在美国的劳动力总人口中，他们的比例可能已经达到2/5，而在其他发达国家中，他们所占的比例虽然比美国小，但也在快速增加。最重要的是，在将来，知识工作者的生产率将日益成为发达国家生死存亡和繁荣昌盛的关键。

我们所知道的知识工作者的生产率

关于知识工作者的生产率的研究才刚刚起步。在研究知识工作者的生产率方面，我们在2000年取得的进度大概只相当于一个世纪以前，即1900年我们在研究体力劳动者的生产率方面所取得的成就。但是，在生产率方面，我们现在对知识工作者的认识比当时对体力劳动者的了解多得多。我们甚至找到了许多答案。但是，我们知道我们还要面对一些挑战，而且我们至今还未找到应付这些挑战的对策，因此我们需要行动起来。

以下6个主要因素决定了知识工作者的生产率。

1. 要提高知识工作者的生产率，我们需要问这样的问题："任务是什么？"

2. 要提高知识工作者的生产率，我们要求知识工作者人人有责。知识工作者必须自我管理，他们必须有自主权。

3. 在知识工作者的工作、任务和责任中必须包括不断创新。

4. 对于知识工作，知识工作者需要不断受教育，他们同样也需要不断指导别人学习。

5. 我们不能或至少不能只用产出的数量来衡量知识工作者的生产率。质量至少与数量同样重要。

6. 最后，要提高知识工作者的生产率，组织应把知识工作者看作"资产"，而不是"成本"，并给予相应的待遇。在面临所有其他机会时，知识工作者需要有为组织工作的意愿。

在所有这些要求中，除了最后一个外，几乎每一项都与提高体力劳动者的生产率所需的措施完全相反。

在体力劳动中，质量也非常重要。质量不高是有缺陷的质量。我们必须为体力劳动设定某种最低的质量标准。企业通过全面质量管理，即20世纪的统计学理论在体力劳动中的应用，能够减少（虽然不能完全排除）低于这个最低标准的产品，这就是全面质量管理的功劳。

但是在大多数知识工作中,质量不能有最低标准,也不能是有缺陷的质量。质量是产出的精髓。在判断教师的绩效时,我们不能问教师教了多少学生。我们应该问有多少学生学到了什么知识,这就是关于质量的提问。在评估医疗实验室的绩效时,我们首先要问有多少实验结果是有效和可靠的,其次才能问实验室使用自己的设备能做多少实验。同样的原则也适用于档案管理。

因此,在知识工作者的生产率方面,我们首要的目的是取得质量,即取得最佳的质量,在可能的情况下,能取得最高的质量最好。然后,我们才能问:"完成了多少工作量?"

这不仅意味着我们研究如何提高知识工作者的生产率的出发点不是数量,而是质量,而且表明我们将需要学会明确地了解质量的内涵。

任务是什么

在知识工作者的生产率方面,决定性的问题是第一个问题:"**任务是什么?**"知识工作者的生产率与体力劳动者的生产率的最大差别就体现在这个方面。在体力劳动中,关键的问题总是:"**我们应如何工作?**"在体力劳动中,任务总是明摆着的。研究体力劳动者的生产率的人不会问:"体力劳动者应该做什么?"他们唯一的问题是:"体力劳动者怎么才能做得最好?"

关于体力劳动的这些问题恰好与弗雷德里克·温斯洛·泰勒的科学管理理论、西尔斯·罗巴克公司或率先设计出流水生产线的福特公司的管理方法和 W. 爱德华·戴明的全面质量管理理论不谋而合。

但是，在知识工作中，关键性的问题是："任务是什么？"

原因之一是，知识工作与体力劳动不同，知识工作者的工作不是安排好的。在汽车生产线中，汽车底盘生产线生产出的底盘与车轮生产线生产出的车轮同时到达车轮安装生产线时，负责安装的工人就需要按照程序的安排在底盘上安装车轮。在播种之前耕地的农民不会从拖拉机中出来接电话、参加会议或写备忘录。在体力劳动中，要做的工作总是显而易见的。

但是，在知识工作中，知识工作者不会根据程序的安排执行任务。

例如，当患者突然陷入昏迷时，医院里会乱作一团，这时护士当然没有因此手忙脚乱，她会按部就班地工作。但是，在其他方面，例如是在患者的病床上采取急救措施，还是先填表，主要由护士决定。工程师经常不得不放下手中的工作，要么写报告或修改报告，要么被要求开会，等等。在百货公司工作的销售人员的职责是向客户提供服务和提供客户感兴趣或应该感兴趣的商品。但是，销售人员的大量工作时间却用在文书工作、核实商品是否有存货、核实交货的时间和方式等工作上。在做所有这些工作时，销售人员都不与客户直接接触，对于销售人员做本职工作（即向客户销售商品和满足他们的需要）的生产率也于事无补。

在处理知识工作时，我们首先需要了解知识工作者的任务是什么，这样他们才能将所有精力集中在他们的任务上，同时放弃所有其他事情——至少尽可能地放弃这些事情。但是这需要知识工作者自己确定他们的任务是什么或应该是什么。而且，只有知识工作者自己才能确定他们应该干什么。

因此，有关知识工作者的生产率的研究，我们应该首先问知识工作者自己：

你的任务是什么？你的任务应该是什么？组织希望你应该做出什么贡献？什么事情妨碍你完成你的任务？你应该放弃哪些事情？

知识工作者自己几乎无一例外地认真思考过这些问题，而且可以回答这些问题。尽管如此，我们通常仍需要花时间努力地重新组织他们的工作，这样他们才可以实际上做出他们本应该做的贡献。但是，在问过这些问题和根据问题的答案采取相应的行动后,知识工作者的生产率通常可以翻一番或两番,而且增加的速度相当快。

如果我们向大医院的护士提出这些问题,我们就会看到上述的结果。实际上,她们有明确的分工,一部分人负责"护理患者",另一部分人负责"协助医生"。但是,她们都对妨碍她们发挥效率的事情有着共同的认识,她们称之为"打杂":文书工作、安排鲜花、接患者家属的电话、解决患者的紧急问题等。所有这些杂事都可以交给不担任护士工作的普通服务员(floor clerk),她们的工资比护士的工资少得多。若按护士在患者病床前工作的时间算,值班护士的生产率立即上升了一倍多。患者的满意度也增加了一倍多。而且,以前高得离奇的护士流动率在4个月内几乎消失得无影无踪。

一旦明确了知识工作者的任务,下一组要求就可以迎刃而解,而且是由知识工作者自己解决的。

它们是:

1. 知识工作者应对自己应做的贡献负有责任,在质量、数量、时间和成本方面,由知识工作者决定他们应承担什么责任。知识工作者需要有自主权,有了自主权,他们就应当承担责任。

2. 在知识工作者的工作中应该包括不断创新。

3. 在知识工作者的工作中还应该包括继续学习和继续指导。

我们已经在第 3 章中讨论过这些需要。

但是，在知识工作者的生产率方面，有一个最重要的要求我们仍旧没有解决。我们需要回答下面的问题。

质量是什么

对于一些知识工作，特别是一些要求利用高级知识的工作，我们已经掌握了衡量质量的标准。例如，对于外科医生，我们可以根据同事对他们的了解、做难度高和危险系数高的手术的成功率（如做过心脏手术的病人的存活率或做过整形外科手术的患者的全面恢复率）对他们进行日常评估。但是，迄今为止，我们大体上主要靠主观判断了解许多知识工作的质量，对于这些工作，我们没有具体的衡量标准。但是，让我们主要忧虑的不是衡量质量的难度，而是明确知识工作者需要做和应该做的任务的难度，在这方面，人们的观点更加趋于两极分化。

据我所知，美国的学校是最好的例子。大家都知道，美国内城区的公立学校已经成了重灾区。但是，在与之一墙之隔的私立学校上学的孩子举止得体、学习成绩优秀，而这两种学校都位于同一个位置，生源也大致相同。人们一直在无休止地思索造成这种巨大质量反差的原因，但是主要原因必定是这两种学校对它们的任务有不同的认识。公立学校一般认为它的任务是"帮助穷人"，而私立学校一般认为它的任务是

"帮助想学习的人学习"。因此，教育方法失败的注定失败，教育方法成功的注定成功。

但是，同样的情况发生在大型制药公司中。这些公司的研究部门分为两类，由于它们对任务的认识不同，因此它们的结果也大相径庭。一种研究部门认为它的任务是避免失败，即在已取得的市场上对现有产品稳步实施改进措施，这种改进的幅度要相当小，而且是可以预知的。另一种研究部门认为它的任务是取得"突破"，因此也会承担风险。这些研究部门自己、它们的高层管理人员和外界分析人士都认为他们做得相当成功。但是，由于这些研究机构各自采取完全不同的方式经营，对自己的生产率和研究科学家的生产率的认识就完全不同。

因此，明确知识工作的质量和将这种认识转变为知识工作者的生产率，在很大程度上属于对任务的认识的问题。这就需要明确特定的企业需要看到、特定的行动会产生什么样的"结果"，而这种认识的过程具有一定难度，需要冒风险，而且通常饱受争议。

视知识工作者为固定资产

在各自的经济意义上，体力劳动者的生产率与知识工作者的生产率之间的差距体现得最为明显。经济学理论和大多数企业奉行的准则都视体力劳动者为成本。要提高知识工作者的生产率，企业必须像对待固定资产一样对待知识工作者。

企业需要控制和降低成本，它们需要努力增加资产。

> 在管理体力劳动者方面，我们很早就知道，工人的流动率高（即工人的流失），企业的损失也非常惨重。众所周知，1914年1月，福特汽车公司将技术工人的日工资从80美分提高到5美元。它之所以这么做，是因为它的工人流动率高得超过了正常水平，使得劳动力成本高得令其难以承受；该公司每年得雇6万人才能保证1万人的正常用工需求。即使这样，包括亨利·福特本人（他一开始强烈反对增加工资）在内的每一个人都认为，提高工资会大幅度地降低公司的利润。但是，在第一年，利润反而几乎翻了一番。实施5美元的日工资后，实际上再没有工人愿意离开了。事实上，希望进入福特公司的工人成群结队地涌来。

但是，即使企业没有出现工人流动的现象，也不需要重新雇用或挽留工人，因此也不会遭受什么损失，体力劳动者仍旧被视为成本。日本就是这种情况，尽管它强调终身雇用制和强调建立一支"忠于企业的"、固定不变的劳动力大军。在没有工人流动的情况下，企业在管理多年以来大多从事体力劳动的员工时，仍旧认为体力劳动者之间没有任何差别，只是少数高级技术工人除外。

这种观点无疑不适用于知识工作。

从事体力劳动的员工不掌握生产资料。他们可能拥有许多宝贵的经验,而且通常情况也是如此。但是,这种经验只在他们工作的地方才能体现出应有的价值,具有不可移动性。

但是知识工作者掌握生产资料,即在他们大脑中存储的知识,是完全可以带走的,而且是巨大的固定资产。由于知识工作者掌握生产资料,因此他们是易于流动的。体力劳动者对工作的依赖度大于工作对他们的依赖度。这种情况可能仍旧不适用于知识工作者,组织对他们的需要程度大于他们对组织的需要程度。但是对于大多数知识工作者和组织而言,他们之间的关系是相互依存的关系,是谁也离不开谁的关系。

管理的责任是管理组织的资产。当知识工作者个人的知识成为组织的资产,而且在越来越多的情况下成为组织的主要资产时,这意味着什么呢?对于人事管理政策,这又意味着什么呢?为了吸引和留住生产率最高的知识工作者,我们需要做什么呢?为了提高他们的生产率,并将提高的生产率转化为组织的绩效和能力,我们还需要做什么呢?

技 术 人 员

到此为止,我们已经讨论了做知识工作的知识工作者的生产率。但是,许多知识工作者既做知识工作,也做体力劳动。

我称之为"技术人员"。

这些人包括掌握了深奥知识的人。

为了防止患脑动脉瘤的患者出现致命的脑出血症状，外科医生在准备做切除手术前需要花几个小时的时间进行诊断，这要求医生掌握深奥的专业知识。随后，在手术过程中，患者出现了意想不到的并发症，这时又需要医生具有深奥的理论知识和精准的判断能力。但是，手术本身是一项体力劳动，即由重复的手工操作组成的体力劳动，医生需要快速、准确和按照统一的标准完成这些手工操作。有关这些操作的研究、组织、学习和实践方法与任何体力劳动完全一样，也就是说与泰勒最初为工厂作业提出的方法一模一样。

但是，在有些技术人员的工作中，知识虽然总是非常重要的，但却居于相对次要的地位。在所有技术人员中，这些人所占的比例还不小。

档案管理员和替代档案管理员的电脑操作员的工作都要求他们了解字母顺序，而这些知识谈不上任何经验，而且在整个工作中只占一小部分，其余大多是体力劳动。但是，这些知识属于基础性的知识，而且是绝对重要的知识。

在知识工作者中，技术人员所占的比例可能是最大的。他们可能是增长最快的一批人。他们包括大多数卫生保健从业人员、实验室的技术员、康复中心的技术员、透视部门的技术员，如X光、超声波和磁共振透视，等等。他们包括牙科医生和所有牙科支持人员。他们包括汽车技工和各种维修安装人员。事实上，技术人员可能是19世纪和20世纪的技术工人的真正的接班人。

技术人员也是发达国家获得真正和持久的竞争优势的顶梁柱。

谈到真正渊博的知识，19世纪的德国通过大学建立起来的领先优势，任何国家都不能望其项背。对于理论物理学家、数学家和经济理论学家等科学家而言，"国籍"已经不再重要。任何国家都可以以非常低的成本培养出大批知识渊博的人。例如，印度尽管国家非常穷，但是它培养出大量第一流的物理学家和第一流的计算机程序员。同样（请参阅本章前半部分），对于体力劳动者的生产率而言，"国籍"也不再重要。在基于科学管理理论的培训机制的帮助下，所有国家的体力劳动者的生产率都可以在一夜之间达到最先进的国家、行业或公司的标准。只有通过培养技术人员，发达国家才能在不远的将来继续保持一定的竞争优势。

美国是唯一一个通过全国性的社区学院体制真正发展出这

种竞争优势的国家，而美国的社区学院是迄今为止独一无二的教育体制。成立社区学院的初衷（始于20世纪20年代）实际上是为技术人员提供培训机会，这些技术人员既掌握了所需的理论知识，又具有手工技能。我认为，这种教育体制使得美国经济仍旧保持着非常巨大的生产率优势，同时使得美国几乎能够在一夜之间创造出不同的新行业，而美国的这种创造能力迄今为止依然是独步天下的。

迄今为止，美国的社区学院在世界上是绝无仅有的。日本出了名的学校系统要么培训只能从事体力劳动的工人，要么培养只能从事知识工作的劳动者。有消息说，日本在2003年设立第一所旨在培养技术人员的教育机构。德国的学徒体制的名声更大。它起源于18世纪30年代，是促使德国的制造业在全世界居于领先地位的主要因素之一。但是，它主要重视手工技能，轻视理论知识。因此，面临着很快落伍的危险。

但是，我们预计，这些发达国家应该能很快赶上美国。然而，在其他国家（包括"新兴国家"或"第三世界"国家），由于培训技术人员的成本非常高，而且有教养的人仍旧轻视或藐视体力劳动，因此他们可能要落后美国几十年。"这就是服务员应该干的"，类似这样的看法在这些国家依然大行其道。然而，在以美国为首的发达国家，越来越多的体力劳动者将转变为技术人员。因此，在提高知识工作者的生产率的过程中，我们应该优先考虑提高技术人员的生产率。

70多年前，美国电话电报公司（AT&T）实际上已经针对公司的技术人员做了这方面的工作。这些技术人员负责安装、维护和更换住宅及办公室的电话。

到20世纪20年代初，在电信局外和在客户所在的地点工作的技术人员已经成为主要的成本中心，同时也是导致客户产生不愉快和不满意情绪的主要原因。1920～1925年，AT&T已经几乎垄断了美国和加拿大大部分地区的电话服务市场，也就是在这5年的时间里，它认识到这些技术人员的任务不是安装、维护、修理和更换电话与电话线路。他们的任务是让客户满意。这样，他们就可以非常容易地组织工作。首先，技术人员自己需要明确什么是"满意"。他们提出标准的答案，即对于每一个要求安装新电话或增加电话线路的客户，他们必须在48小时内满足客户的要求，对于要求维修电话的客户，如果是在中午前提出的，他们必须在当天解决问题，中午以后提出的，他们必须在第二天中午前解决问题。后来，公司认识到，服务人员（当然在那个时代都是男性）应积极地参与有关的决策，例如，是一个人负责安装和更换电话，另一个人负责维护和维修，还是所有这些工作都由一个人完成？最后，通过这种方式，公司找到了正确的答案。这些人必须掌握大量理论知识，而当时，他们当中很少有人上过6年学。他们必须懂得电话是如何工作的，交换机是如何工作的，电话系统是如何工作的。这些人不是拥有执业资格的工程师，也不是熟练的技工。但是，他们必须掌握足够的电子知识，从而掌握分析和处理突如其来的问题的能力。然后，他们通过重复性的手工操作或通过"一个正确的方法"（即通过科学管理法）受到了培训。他们能够自己做出决策，例如在哪里和采取什么方式将每部电话与整个系统连接在一起，哪种电话和服务最适合于特定的家庭或办公室。除了履行服务人员的职责外，他们还需要成为销售人员。

最后，AT&T面临如何认定质量的问题。技术人员必须独立工作，没有人监督他们。因此，他们必须自己认定质量，并提供符合这个质量的服务。该公司花了几年的时间才找到答案。起初，公司认为实施抽样检查就可以了，即派出监督员检查样品，检查样品的质量，这个样品可能是服务人员做的第20项或第30项工作。公司很快发现这么做是不对的，这么做让服务人员和客户都很不高兴。然后，公司认为质量就是"没有投诉"，它很快又发现只有极度愤怒的客户才会投诉。随后，公司不得不重新认定质量，认为质量是

"客户实实在在地表示出满意的情绪"。于是，这意味着，最后由服务人员自己控制质量，例如，在服务人员提供服务一周或十天后，由服务人员打电话给客户，询问客户是否对他们提供的服务满意，是否需要技术人员做更多的工作，向客户提供可能最好和最满意的服务。

由于这个很早以前发生的例子体现出的三个要素有利于发挥既做知识工作又干体力劳动的劳动者的效率，因此我有意在这方面着墨颇多。

1. 首先，这个例子找到了"任务是什么"这个问题的答案，而这个问题有助于发挥每一个知识工作者的效率。贝尔系统公司的例子说明，这个问题的答案并不是显而易见的答案。正如贝尔系统公司的管理人员认识到的那样，唯一知道这个答案的人是技术人员自己。事实上，在他们向技术人员提出这个问题前，他们始终徘徊在十字路口。但是，在向技术人员提出这些问题后，他们立即得到清晰和响亮的回答：感到满意的客户。

2. 然后，技术人员需要肩负起让客户满意（即提供质量）的全部责任，这也表明技术人员需要掌握哪些基本知识。只有那样，我们才能本着发挥体力劳动者的生产率的原则组织技术人员需要做的体力劳动。

3. 最重要的是，这个例子说明企业需要像对待知识工作者那样对待技术人员。无论他们需要做的体力劳动（这方面的工作可能占用他们大量的时间，如 AT&T 的电话安装工）有多么重要，企业的重点都应是帮助技术人员掌握知识工作者应掌握的知识、肩负起知识工作者应负的责任和贡献出知识工作者应贡献的生产率。

系统化的知识工作

要发挥知识工作者的生产率，我们几乎始终需要对知识工作本身进行调整，使之系统化。

例如，维修价格昂贵的设备，如体积庞大且价格不菲的重型推土机。过去，这部分的工作与推土机的制造与销售属于完全不同的工作，有着严格的分工。但是，当世界上最大的推土机生产企业美国的卡特彼勒公司提出"别人凭什么付钱给我们"时，它找到了答案，即"别人付钱给我们不是为了买机器，机器在客户的营业地点能做什么才是他们付钱给我们的目的。这意味着要让设备保持正常运转状态，而设备每停工一小时，客户的损失可能远远超过设备本身的价值"。换句话说，"我们的业务是什么"的答案是"服务"。于是，因此需要从工厂开始重新组织所有工作，这样才能保证客户的经营活动不会被打断，使他们可以立即获得维修或更换服务。同时，服务代表（通常为技术人员）也就成为真正的"决策者"。

再譬如，在美国中西部的一个城市，一组大约25名整形外科医生为了把工作做得精益求精，他们自己组织起来，成为一个"系统"：尽可能合理地利用有限和昂贵的手术室和恢复室资源；尽可能合理地使用掌握一定知识的支持人员，如麻醉师或外科护士；继续学习和不断创新要贯穿在整个小组及其每一个成员的工作当中；最后，最大限度地降低成本。每一个外科医生都对他们自己的工作保留全部的控制权。他们各自全权负责每个患者的接受和治疗。过去，每个医生都是将手术安排在早晨。因此，手术室和恢复室在大部分时间都是空空荡荡的。现在，这个小组为整个小组统筹安排手术室和恢复室的使用，这样，这种稀缺和极其昂贵的资源每天有10个小时都能得到充分利用。这个小组作为一个整体统一工具和设备的标准，以便以最低的成本取得最优的质量。最后，这个小组还在自己的系统中加入了质量控制措施。每隔3个月，他们都会选派3名不同的外科医生审查每一个成员所做的每一个手术，包括诊断结果、手术本身和术后治疗。然后，他们会坐下来与每一个外科医生讨论他的绩效。他们会向这些外科医生提出建议，如哪里需要改进，等等。但是，他们也会委婉地要求不合格的医生离开这个小组。整个小组每年都会就这些监督委员会采用的质量标准进行讨论，并通过讨论逐渐提高这些质量标准，而且经常是大幅度地提高质量标准。因此，现在，这个小组的生产率几乎是以前的 4 倍，成本降低了 50%，其中一半是靠减少手术室和恢复室的浪费现象取得的，另一半是靠统一工具和设备的标准实现的。在可以用数字衡量的方面，如膝关节置换手术、肩关节置换手术或运动创伤恢复手术的成功率，这个小组的绩效得到了显著改善。

因此，我们大体上了解了采取什么措施提高知识工作者的生产率。那么，如何提高知识工作者的生产率呢？

如何开始

要提高知识工作者的生产率，我们需要改变我们的基本态度，而要提高体力劳动者的生产率，我们只需要告诉他们如何干活。然而，要提高知识工作者的生产率，不仅需要知识工作者个人改变他们的态度，而且要求整个组织改变自己的态度。因此，我们需要进行"试点"，对于任何重大的变革，我们都应如此（有关内容，请参阅第 3 章）。第一步，了解组织中的哪些部门或哪些知识工作者愿意改变他们的态度。例如，上述例子中的整形外科医生首先让早就希望彻底改变现状的 4 名医生（1 名老医生和 3 名年轻医生）尝试新的观念。然后，他们需要在这个小范围内或通过与这个小组配合耐心地工作,他们要始终坚持新的观念,而且要坚持相当长的一段时间,中途不得中断。这是因为,即使人们的积极性非常高,但是在第一次尝试中,他们几乎肯定会遇到各种各样意想不到的问题。只有在一小批知识工作者的生产率得到大幅度提升后,他们才能扩大新的工作方式的应用领域。到那时候,我们才能发现主要问题在哪里。例如,我们可能遇到的阻力(如来自中层管理人员的阻力),或者,为了发挥新的工作方式的全部效率,我们需要在任务、组织、衡量标准和态度等方面采取的变革措施等。我们总是在重压之下试图跳过试点阶段,这样做只能将失误暴露在所有人的眼皮底下,让失误掩盖了成绩。这样做只会使整个企业丧失信心。但是,如果试点工作做得好,我们就可以采取许多措施提高和迅速提高知识工作者的生产率。

在21世纪的管理挑战中,知识工作者的生产率是最大的挑战。在发达国家,这是关系到它们的生死存亡的首要要求。否则,发达国家是无法自力更生的,更不用说保持它们现在的领先地位和生活标准了。

在过去100年中,即在20世纪,这种领先地位在很大程度上是靠提高体力劳动者的生产率取得的。任何国家、任何行业、任何企业现在都可以采用发达国家在过去120年里(即从弗雷德里克·温斯洛·泰勒第一次深入了解体力劳动以来)总结和实行的方法提高体力劳动者的生产率。今天,即使体力劳动者的文化程度很低,而且无一技之长,任何地方的任何人也可以运用这些理论培训体力劳动者、协调他们的工作和提高他们的生产率。

最重要的是（如第2章所述），在发达国家，从事体力劳动的青壮年的数量将迅速减少。在西方国家和日本，下降的速度可能非常快，在美国，下降的速度要稍微慢一些，而在新兴国家和发展中国家中，青壮年的数量在未来的三四十年内仍旧将保持旺盛的增长势头。发达国家唯一可能有希望拥有的优势就是准备从事知识工作、接受过有关的教育和培训的劳动者。在这方面，无论是在质量上，还是在数量上，发达国家都可以再保持50年的巨大优势。但是，这种优势是否能转化为绩效，取决于发达国家及其每一个行业、每一个公司和每一个组织是否能够提高知识工作者的生产率，而且提高的速度要与这些国家在过去100年内提升体力劳动者的生产率的速度一样快。

在过去的100年内，从全世界众多国家和行业之中脱颖而出的国家与行业都具有一个共性，即它们成为提高体力劳动者的生产率的领头羊。在这些国家中，以美国为首，日本和德国紧随其后。从现在起50年内，在提高知识工作者的生产率方面采取最具系统化的措施，且做得最成功的国家和行业，将挤入世界经济的前列。

公司管理

知识工作者及其生产率的出现对于公司的管理意味着什么

呢？他们对于经济体制的未来和结构又意味着什么呢？

在过去的10～15年间，在所有发达国家中，养老基金和机构投资者已经成为上市公司股票的主要持有人（在本书中我已经多次提到这个问题）。这种情况已经在美国引发了一场有关公司管理（有关内容，请参阅第1章和第2章）的激烈争论。这是因为，随着养老基金和共同基金成为上市公司的股东，权力已经转移到这些新的所有人身上。

在规定企业等经济组织及其政府的目标上，我们预计所有发达国家都会出现类似的变化。

但是，在相当短的时期内，我们将再次面临公司管理问题。我们将必须重新规定提供就业机会的组织的目标和对其进行管理的目的，即让法定所有人（如股东）满意，和让人力资本的所有人满意，也就是让知识工作者满意，而他们就是能为组织带来财富的人。这是因为，企业和其他组织的生存能力将日益取决于它们在提高知识工作者的生产率方面所具有的"竞争优势"。在这方面，首要和最基本的前提条件是它们是否能够吸引和留住最优秀的知识工作者。

然而，我们可以用数字体现出这种优势吗？或者，它纯粹是一种"无形资产"？对于管理、投资者、资本市场来说，这确实是一个重要问题。当知识取代金钱的主导地位时，"资本主义"的意义何在呢？当知识工作者成为真正的资产时，当其他人不"占有"知识时，"自由市场"又有什么意义呢？知识工作者是不能买卖的。我们无法通过兼并的方式得到他们。事实上，虽然他们"价值连城"，但是他们却没有"市场价值"，也就是说，他们不是任何意义上的资产。

这些问题远远超出了本书探讨的范围，更非作者力所能及。但是，随着知识工作者及其生产率成为我们面临的关键性问题，他们必将在几十年内给**现行经济体制**的结构和性质带来根本性的变革。

CHAPTER 6 | 第6章

自我管理

我的优势是什么——我如何做事——我属于哪里——我能做出什么样的贡献——维系人际关系的责任——你的下半生——并行不悖的事业

导　　言

越来越多的劳动者和大多数知识工作者将需要**自我管理**。哪里能做出最大的贡献，他们就必须属于哪里；他们需要学会发展自己。在50年的工作生涯中，他们需要学会保持一颗年轻的心。他们必须学会选择适当的方法和时机改变他们所做的工作、工作的方法和工作的时间。

知识工作者的寿命可能超过向他们提供就业机会的组织的寿命。即使知识工作者尽可能地推迟参加工作的年龄（例如他们一直留在学校里，直至快30岁才取得博士学位），按照发达国家现在的平均寿命，他们很可能可以活到 80 岁。他们可能需要继续工作，即使是做兼职工作，他们至少也要工作到 75 岁。换句话说，人们的平均工作年限很可能长达 50 年，特别是知识工作者。而成功企业的平均寿命只有 30 年，而且在风起云涌的转型期，如我们现在所处的时代，保持那么旺盛的生命力是不可能的。即使像大学、医院和政府机构这样长盛不衰的组织，在已经拉开帷幕的转型期也将面临急剧的变革。即使它们能够继续存在，它们也需要改变它们的组织结构、工作方式、需要的知识和使用的人。当然，许多都会销声匿迹，即使存在，它们存在的形式也会发生改变。因此，劳动者，特别是知识工作者的寿命逐渐会超过雇用他们的组织，而且他们需要做的工作、执行的任务和从事的职业都将不止一个，他们需要为此做好准备。

在此之前，本书探讨的都是外界的变革，如社会、经济和技术变革。本章，即最后一章将论述个人面临的新要求。

> 像拿破仑、达·芬奇、莫扎特这样的伟大人物都是深谙自我管理之道的。这在很大程度上也是他们功成名就的源泉，但是他们毕竟是凤毛麟角的。他们及其非凡的才能和成就都是常人所不能及的。现在，即使资质平庸的普通人也将需要学会自我管理。

因此，知识工作者将面临全新的要求。

1. 他们需要问:"我是谁?我的优势是什么?我如何工作?"
2. 他们需要问:"我属于哪里?"
3. 他们需要问:"我能做出什么贡献?"
4. 他们需要承担维系人际关系的责任。
5. 他们需要为他们的下半生做好规划。

我的优势是什么

大多数人以为他们了解自己的长处,但他们通常都错了。他们更多的时候更了解自己的短处,然而即使在这方面,他们也是错多对少。可是,人们只能在工作中发挥自己的长处,而不能靠短处创造绩效,更不用说靠根本就不存在的能力创造绩效了。

仅仅还在几十年前,人们还不知道了解自己的长处的重要性。人一生下来就注定了要从事什么职业和要干什么工作。农民的儿子就是农民。如果他不擅长当农民,他就什么也不是。手艺人的儿子同样也要当手艺人,依此类推,不胜枚举。但是,现在人们有选择的余地了。因此,他们需要知道他们的长处,这样他们才可以知道他们属于哪里。

我们只有一种办法了解我们的长处:**反馈分析法**。无论做出什么样的关键决策,采取什么关键措施,我们都要写下我们希望看到的结果。9～12个月以后,我们就可以将实际的结果与预期的结果进行对比。到现在为止,我采用这种方法已经有15～20年了。每一次对比都使我大吃一惊。每一个采用这种方法的人也有同感。

这绝对不是一种新方法。它是由一个德国神学家在14世纪某个时候发明的（如果不是发明了反馈分析法，他根本就默默无闻）。大约150年后，卡尔文主义的创始人、日内瓦的让·卡尔文（Jean Calvin，1509—1564）和耶稣会的缔造者伊格内修斯·罗耀拉（Ignatius Loyola，1491—1556）分别接受了这种思想，并各自在他们为自己的牧师制定的教规中融入了这种思想。这也成为这两个组织（都在同一年成立，即1536年）在30年内影响了整个欧洲的主要原因：卡尔文主义影响了新教占主导地位的北欧，耶稣会影响了天主教占主导地位的南欧。那时，每个教派有几千名牧师，其中大多数都不是天才，都是普通人。许多人都独立工作，但没有处于完全封闭的状态。许多人都是地下工作者，而且经常担心受到迫害。然而，几乎没有人背叛教会。对比实际结果与预期结果的日常反馈机制坚定了他们的立场，使他们能够将注意力集中在绩效和结果上，在绩效和结果的基础上，他们就能专心致志地在工作上取得优异成绩，并争取让各方面都感到满意。

在相当短的时间内，也许在两三年内，首先，通过这个简单的程序，人们就可以发现他们的优势。要了解自己，这可能是最重要的事情了。通过这个程序，人们也可以看到，哪些他们做过或没有做过的事情妨碍他们充分发挥自己的优势。通过这个程序，人们还可以了解到哪些工作是他们尤其不能胜任的。最后，通过这个程序，人们可以认识到他们不具有优势和不能涉足的领域。

在实施了反馈分析法后，我们总结出以下**结论**。

第一，**集中精力发挥你的优势**。你在哪里能发挥优势，创造出优异成绩和成果，你就属于哪里。

第二，**努力增强你的优势**。反馈分析法很快就能发现人们需要提高哪些方面的技能或必须学习哪些新知识。它可以指出哪些方面的知识和技能已经不够用，需要更新。它还告诉人们在知识面上存在哪些差距。

为了胜任某项工作，人们通常可以掌握任何足够的技能和知识。

> 数学家的天赋是与生俱来的。但是，几乎人人都可以学会三角学。同样的道理也适用于外语、历史、经济学或化学等主要学科。

第三，**反馈分析法很快就能发现人们在哪些方面存在井底之蛙的傲慢倾向**。许多人，特别是在某个领域知识渊博的人，瞧不起其他领域的知识，或认为"耍小聪明"就可以不用学习了。于是，反馈分析法可以迅速发现，人们在工作中创造不出成绩的主要原因是他们没有掌握足够的知识，或对自己专业领域外的知识不屑一顾。

一流的工程师往往以不了解任何人际关系而引以为荣，会计也常常认为没有必要了解人际关系。反观人力资源部门的人，经常因根本不懂基础会计学或定量分析法而洋洋自得。被调往国外工作的优秀管理人员经常认为他们已经掌握了足够的经营能力，而忽视了了解当地的历史、艺术、文化和传统。不料，他们发现他们高超的经营能力根本派不上用场。

因此，我们需要克服井底之蛙的傲慢倾向，并努力学习能够使我们充分发挥优势的技能和知识，这是我们根据反馈分析法总结出的一个重要结论。

我们还需要改正我们的**坏习惯**，这个结论同样重要。坏习惯就是我们所做的或未能做的、妨碍我们发挥效率和创造绩效的事情。这些坏习惯很快就能在反馈分析法中原形毕露。

例如，通过这种分析法，我们可以发现，由于规划人员没有坚持到底，他们制定的美好规划没有得到落实。与许多精明强干的人一样，他们都认为他们可以靠想法搬动大山。但是，可以搬动大山的却是推土机；想法会告诉人们将推土机开到哪里工作。在制订完计划后，最精明强干的规划人员也经常会止步不前。但是，此时工作才刚刚开始。然后，规划人员需要寻找可以执行计划的人，向他们进行解释，教他们怎么做，并在从规划到执行的过程中修改和变更计划，最后决定什么时候中止计划。

但是，我们通过这种方法可以发现，由于我们不懂礼貌，我们也无法取得理想的结果。聪明的人，特别是精明强干的年轻人常常没有认识到以礼待人是组织的"润滑剂"。

两个移动的物体相互接触时会产生摩擦，这是一条自然规律。因此，两个人在相互接触时总是会产生摩擦。这时，以礼待人就是使这两个移动的物体融洽合作的润滑剂，无论他们是否喜欢对方。简单的方法如说一声"请"和"谢谢"，知道对方的生日或姓名，记得问候对方家人。如果我们通过这种分析法发现，每当我们需要其他人合作时，原本做得很好的工作就会反复出现问题，那么这可能说明我们不够礼貌。

反馈分析法总结出的下一个结论是：**什么是不要做的事情**。通过对比结果与预期，我们很快就能发现我们根本不能做的事情。它告诉我们在哪些方面缺乏最起码的能力，而且任何人都有许多最不擅长的领域。并不是每个人都能掌握一种一流的技能或知识，我们在许许多多方面都不具有任何天赋、技能，甚至很少有机会达到一般的水准。人们，特别是知识工作者不能从事这些方面的工作和任务。

最后一个结论是：**在改进弱点上，我们要尽可能少浪费精力**。精力应该集中在具有较高能力和技能的领域。从根本不具有能力提高到中等偏下的水平所需的时间，要比从第一流的绩效提升到优秀所需的时间多得多。可是，大多数人、大多数教师和组织都试图集中全部精力让一无是处的人达到中等偏下的水平。我们应该集中所有的能量、资源和时间帮助一个能干的人成为最优秀的人。

我如何做事

"我如何做事"这个问题与"我的优势是什么"都是同等重要的问题，对于知识工作者来说更是如此。

事实上，它的重要性更大。然而，很少有人知道**如何**把事情做好，这非常令人惊讶。我们中的大多数人甚至不知道不同的人有不同的工作方式和不同的做事方式。因此，他们并不是按照适合他们的方式工作的，他们也因此创造不出应有的绩效。

造成这么多人不知道如何做事的主要原因可能是，在人类历史上，所有学校都迫不得已地强调每个学生做作业的方式只有一个。给全班40名学生讲课的老师根本就无暇了解每个学生是如何学习的。老师反而坚持要求所有学生都在同一时间按照同样的方式做同样的功课。因此，在历史上，每个人都是遵循同一种工作方式成长起来的。然而，新技术可能会对这方面产生最大和最有利的影响。在新技术的帮助下，普通的老师也能发现每个学生是如何学习的，然后可以鼓励他们按照适合自己的方法学习。

与我们的优势一样，如何做事是**个人的特性**，是**个性**。无论个性是"自然形成的"，还是"后天培养的"，它必定是在我们走向工作岗位前早已成形的东西。我们做事的方式是"既定的事实"，就像我们擅长或不擅长的领域也是"既定事实"一样。我们可以修正它，但不可能扭转它。我们的工作成效取决于我们能否做我们擅长的事情，同样，我们的工作成效还取决于我们能否按照适合我们的工作方式工作。

通过反馈分析法，我们可以发现我们的做事方式出现了什么问题。但是，这种方法很少能够查明原因。然而，要找到其中的原因其实不难。这需要几年的工作经验。然后，我们可以问我们是如何做事的，而且可以很快找到答案。这是因为决定我们取得成效的通常是几个极其普通的个性品质（personality trait）。

我善于阅读，还是善于倾听

要了解我们的做事方式，我们首先要知道我们善于阅读，还是善于倾听。大多数人都不知道有人善于阅读，有人善于倾听，大多数人都不知道这两种人的存在。更多的人更不知道他们自己属于哪一类人。但是，以下几个例子说明不了解这两种个性有多么大的危害。

当德怀特·艾森豪威尔（Dwight Eisenhower）将军出任盟军在欧洲的总司令时，他成为媒体追逐的对象，他如果能出席新闻发布会，那真是千载难逢的事情。这些发布会以艾森豪威尔式的风格而著称。在发布会上，艾森豪威尔在回答记者提出的每一个问题时显得游刃有余，而且他善于用经过润色的、华丽的辞藻简短地介绍情况或阐述政策。10年后，艾森豪威尔**总统**昔日的崇拜者公开蔑视他。他们抱怨说，艾森豪威尔从不专心听他们提出的问题，经常顾左右而言他。由于他经常用蹩脚的英语回答问题，而且又语无伦次、文理不通，因此经常受到嘲笑。然而，艾森豪威尔在早期的军旅生涯中拥有光辉的一页，这在很大程度上要归功于他曾经为麦克阿瑟（MacArthur）将军撰写过精彩纷呈的演讲稿，而这位麦克阿瑟将军是美国社会生活中最讲究遣词造句的政治人物之一。

说明：艾森豪威尔自己显然不知道他善于阅读，而不善于倾听。当他在欧洲担任总司令时，他的副官需要在发布会开始前至少半个小时,以书面形式将记者提出的每一个问题收集起来。只有这样,艾森豪威尔才能从容应对记者提出的问题。后来,他当选美国总统。在他之前的两任总统分别是富兰克林·罗斯福(Franklin D. Roosevelt)和哈里·杜鲁门(Harry Truman),他们都善于倾听,而且他们都知道这一点,在新闻发布会上,他们都允许每一位记者自由提问。罗斯福知道自己善于倾听,他坚持让别人先将有关的内容大声朗读给他听,然后他才看书面的东西。在成为总统后,杜鲁门认识到他需要了解外交事务和军事,然而在当选总统前,他对这些都不感兴趣。他要求他最得力的内阁成员马歇尔(Marshall)将军和迪安·艾奇逊(Dean Acheson)每天都给他上课,每个人都要做40分钟**口头上**的陈述报告,然后由杜鲁门总统提出问题。艾森豪威尔显然觉得他应该效仿他的两位闻名遐迩的前任。结果,他根本听不懂记者的提问。

几年以后,林登·约翰逊(Lyndon Johnson)失去了总统宝座,在很大程度上是因为他不知道自己善于倾听,他与艾森豪威尔正好相反。他的前任约翰·肯尼迪(John Kennedy)知道自己善于通过阅读掌握字里行间的意思,他的助理都是才华横溢的捉刀手,如历史学家小阿瑟·施莱辛格(Arthur Schlesinger, Jr.)和一流的记者比尔·莫耶斯(Bill Moyers)。在写备忘录时,肯尼迪要求他们先写给他看,然后再亲自与他们讨论这些备忘录。而约翰逊（曾在肯尼迪担任总统期间任副总统）仍旧继续让这些人担任他的助理，让他们继续为他撰稿。然而，他显然没有用上他们写的一句话。但在四年前担任参议员时，约翰逊干得很出色，这是因为所有国会议员都必须善于倾听，这是他们最重要的素质。

仅仅在一个世纪以前，甚至在最发达的国家，人们几乎都不知道他们是左撇子还是右撇子。左撇子受到压制。实际上，左撇子几乎都不习惯使用右手。到头来，大多数人既不习惯使用右手，又不善于使用左手，他们在感情上都受到了严重的伤害，留下了口吃等毛病。

十个人中只有一个是左撇子。然而，善于倾听的人与善于阅读的人之比似乎接近一半对一半。就像左撇子很少能熟练使用右手一样，善于倾听的人也很少能通过外力或通过自己的努力成为善于阅读的人，反之亦然。

因此，试图从善于倾听的人变为善于阅读的人将遭受与林登·约翰逊一样的命运，而试图从善于阅读的人变为善于倾听的人将面临与艾森豪威尔一样的结局。他们既不会有好的表现，也不会功成名就。

我如何学习

要了解我们做事的方式，第二件事是要知道我们的**学习方式**。在这方面，情况甚至比善于倾听和善于阅读的问题更严重。这是因为,各个地方的学校的组织形式都遵循了同一个假设,即学习的方式只有一种是正确的,而且适合于每一个学生。

许多一流的作家(如温斯顿·丘吉尔(Winston Churchill))在学校都不是好学生,在他们的记忆中,上学纯粹是受折磨。然而,他们的同学对同样的学校和同样的老师的印象几乎是千差万别的。这是因为,一流的作家通常不是靠倾听和阅读进行学习的,他们学习的方式是写作。由于这种学习方式不能被学校所接受,因此他们的成绩很差。被迫接受学校规定的学习方式对于他们来说犹如地狱般痛苦和煎熬。

以下举例说明人们的不同学习方式。

贝多芬留下了大量草稿本。然而,他自己说,在实际作曲时,他从来都不看草稿本。当别人问他:"那么,您为什么要留下草稿呢?"据说他的回答是:"如果不立即把曲子写下来,我立刻就会忘了它。在草稿本上记下曲子,我就不会忘记了,我也不会再看草稿本。"

通用汽车公司是世界上最大的制造企业,而且在60年内一直是最成功的制造企业。领导通用汽车取得这个成绩的就是阿尔弗雷德·斯隆。他的大多数管理任务都是在小型会议中完成的，而且这些会议都充满了活跃的气氛。会议一开完，斯隆就回到办公室，用几个小时的时间给其中一名与会者写信。在信中，他会记录会上讨论的关键性问题、会议上提出的问题、达成的决策以及发现但未解决的问题。在谈及这些信件时，据他说："如果在会后我不立即坐下来，思考会上实际讨论的内容，然后以书面形式记下来，我就会在24小时内忘得一干二净。"

在20世纪五六十年代，一个普普通通的小型家族企业在其首席执行官的领导下在全世界成为该行业内的佼佼者。他习惯把所有高级管理人员都召集到他的办公室，通常每周一次，然后对着他们喋喋不休地说上两三个小时。他很少要求这些人提出自己的意见。他只是在与自己辩论。他提出一项行动计划，如收购本行业内濒临倒闭的小企业，然而该公司拥有某些独特的技术。他总是站在三种不同的立场上分析每一个问题：赞成、反对和有利于行动计划达成目标的形势。他需要有人听他说话。这就是他的学习方式。虽然这个例子比较特殊，但它绝不是绝无仅有的。成功的辩护律师就是采用这种方法学习的，许多诊断医生也是这样学习的。

学习的方式多种多样。有人通过记大量笔记学习，如贝多芬。但是，阿尔弗雷德·斯隆在开会时不做任何记录，上述提到的首席执行官也记笔记。有人通过让别人倾听自己说话进行学习，有人通过写作学习，有人边做事边学习。在我对美国大学中成功出版过学术著作并引起轰动的教授进行的一次（非正式的）调查中，他们反复地对我说："让学生听我讲课是我教书的原因；因为那样，我才有写作的灵感。"

实际上，人们对自己有各种各样的认识，在所有重要的认识中，学习的方式是最容易认识到的。在我问别人"你如何学习"时，大多数人都知道他们怎样学习。但是当我问"你按你认识到的学习方式学习吗"时，应者寥寥无几。然而，按我们认识到的学习方式学习是创造绩效的关键，或者更确切地说，不按我们认识到的学习方式学习，我们注定创造不出应有的绩效。

"我如何做事"与"我如何学习"都是首先要问的最重要的问题。但是，我们绝不能只提出这两个问题。要自己管理自己，我们需要问"我能与别人融洽地共事吗"或"我是不合群的人吗"？如果我们发现我们能与别人融洽地共事，我们需要问"我与别人保持什么样的关系才能与他们融洽地共事"？

有些人最适合当下属。

最好的例子是美国在第二次世界大战期间的伟大战斗英雄乔治·巴顿（George Patton）将军。他是美国最优秀的部队指挥官。然而，当别人提议他独立指挥军事行动时，美国总参谋长乔治·马歇尔将军（在美国历史上，他可能是最成功的伯乐）说："巴顿是美国陆军有史以来最优秀的下属，但他可能是最糟糕的指挥官。"

有些人只有作为团队的一员才能发挥最大的作用。有些人可以在教练和导师的岗位上做出非常出色的成绩，而有些人完全不胜任导师的工作。

要了解我们的做事方式，另一个重要的问题是，我们在压力下是否能做得好，或者我们是否需要一个组织性强和有明确的发展方向的环境。从另一方面说，就是：我们最适合在大企业中做小虾米，还是最适合在小企业中当大鱼？许多人都不能游刃有余地应对这两种情况。在大企业（如通用电气公司或花旗银行）中做得非常成功的人一到了小企业就施展不开身手了，这种例子屡见不鲜。同样，在小企业中做出显赫成绩的人一到大企业工作就如石沉大海，默默无闻了，这种例子也不胜枚举。

另一个关键性问题：我是作为决策者，还是作为顾问，才能发挥我的作用呢？许多人适合当顾问，但不能承担决策的责任和压力。许多人反而需要顾问迫使他们思考，只有这样，他们才能做出决策和根据决策迅速、自信和勇敢地采取行动。

> 顺便说一下，这也是组织中的二号人物在升为一把手后常常遭遇挫折的原因。一把手需要具有决策者的素质。在一把手的位置上，擅长决策的人经常把他们信任的人提拔为二把手，担任他们的顾问，而这些人在二把手的位置上表现得非常出色。但是，当二把手成为一把手时，他们就表现得差强人意。他们知道应该做出什么样的决策，但他们不能承担决策的责任。

结论：同样，不要试图改变自己，这样做是不能成功的。相反，你需要努力工作，改进你做事的方式。不要采用你做不到的或做得不好的方法做工作。

我的价值观是什么

要能够自我管理，我们最后需要知道"我的价值观是什么"。

在道德标准方面，每个人都要遵守相同的准则，而且我们可以采用一种简单的方法检验它的正确性。我称之为"对镜测试法"。

据说，20世纪初，德国驻伦敦大使在所有强国的外交官中是最受尊敬的外交官。他显然注定了要飞黄腾达，如果当不了德国的联邦总理，至少也能成为外交部长。然而，在1906年，他突然辞职了。当时，爱德华七世（King Edward VII）已经当了5年的英国国王，外交使团准备为他办一个盛大的宴会。这位德国大使当时在外交使团中可谓德高望重，他在伦敦工作了将近15年，因此被选为那次宴会的主席。爱德华七世是臭名昭著的风流浪子。他明确要求在宴会快结束时，即在上完甜点后，推上来一块巨大的蛋糕，在灯光变暗时，从蛋糕中蹦出十几个裸体的妓女。德国大使宁愿辞职，也不愿主持这次宴会。"在早上刮脸时，我不愿意在镜子里看到一个皮条客。"

这就是"对镜测试法"。道德标准要求我们自问:"早上刮脸或涂口红时,我想看到什么样的人?"换句话说,道德标准是一种不折不扣的价值体系。这种道德标准和那种道德标准没有什么不同。在一种组织中或情况下有效的道德行为,在另一种组织或情况下也是有效的。

但是,道德标准只是价值体系的一个组成部分,尤其只是组织的价值体系的一个组成部分。

如果我们无法接受组织的价值体系,或我们的价值体系与组织的价值体系水火不相容,在这种组织中工作,我们注定要遭受挫折和一无所成。

以下例子说明人们要了解自己的价值观。

> 一位才华横溢、事业非常成功的主管经理,在她原来的公司被一家更大的公司收购后发现自己的情绪非常低落。实际上,她晋升到一个更高的职位,而且所做的工作是她最擅长的工作。她的一项工作是挑选担任重要职位的人选。她坚信,在聘用担任重要职位的人选时,企业应先从内部竞选人才,然后再从外部选择适当的人选。然而,新公司认为,在某个重要职位出现空缺时,企业应首先考虑外部人才,目的是"补充新鲜血液"。在这种情况下,公说公有理,婆说婆有理(虽然根据我的经验,双管齐下是比较恰当的方法)。但是,她与公司之间的基本矛盾不是政策上的矛盾,

而是价值观上的矛盾。在组织与员工的关系上，在组织对员工及其发展所承担的责任上，在员工对企业的最重要的贡献上以及其他方面，他们的观点截然不同。她的这种低落情绪一直持续了好几年，最后，她递交了辞呈，同时在待遇上也有不小的损失。她的价值观与组织的价值观完全不能和谐共处。

同样，制药公司若希望创造出出色的经营业绩，要么持续不断地采取渐进的改进措施，要么偶尔采取"突破性"行动，但可能需要付出高昂的代价和承担较大的风险。这两种方式之间的问题不是经济问题。这两种战略的结果可能颇为相似。实际上，这是两种价值观的冲突，即一种价值体系认为制药公司的新产品可以帮助已经取得成功的医生在工作上更上一层楼，另一种价值体系则以"科学研究"为目的。

企业的经营目标是短期利益还是"长远考虑"，这同样也是价值观的问题。财务分析专家认为企业在经营时可以同时考虑这两个目标。成功的企业家对此颇有感受。每个人当然需要在短期内创造出好成绩。但是，当短期利益不符合长期发展目标时，一个公司倾向于长期发展，另一个公司偏向短期利益。这在根本上也不是经济利益上的矛盾。这基本上是企业的功能与管理的责任在价值观上出现的冲突。

组织必须拥有价值观。可是，人也需要拥有价值观。要在组织中发挥应有的作用，我们的价值观必须与组织的价值观保持一致。我们与组织的价值观不必完全一样，但是，必须足够接近，这样才能和谐共处。否则，我们不仅会遭受挫折，而且也不会创造出优异的成绩。

在价值观发生冲突时如何应对

我们的优势与我们做事的方式很少会发生冲突，两者是互补的。但是，我们的价值观与我们的优势有时会出现不可调和的矛盾。我们做得好甚至做得非常出色和非常成功的事情可能不符合我们的价值体系。我们可能觉得，我们做得好的事情并不是什么了不起的成就，也不值得我们奉献毕生（或大半生）的精力。

> 谈谈我个人的经历：许多年以前，我也面临两难的境地，我要么继续做我做得非常出色和成功的工作，要么坚持我的价值观。20世纪30年代中期，我是伦敦的一名年轻的投资银行家，在事业上一帆风顺；这份工作显然适合我发挥我的优势。然而，我不认为担任任何类型的资产管理人是多么了不起的成就。我认识到，我的价值观体现在对人的研究上。我认为钱是身外之物，生不带来，死不带去。在最萧条的时期，我没有钱，没有工作，没有前景。但是，我选择了放弃，这是正确的选择。

换句话说，价值观是且应当是**最终**的检验标准。

我属于哪里

在知道前三个问题（"我的优势是什么？我如何做事？我的价值观是什么？"）的答案后，个人，特别是知识工作者自己应能够决定他们所属的位置。

大多数人无法在职业生涯的初期做出这样的决定，而且也不应做出这样的决定。

当然，少数人很早就知道他们所属的位置。例如，数学家、音乐家或厨师通常在四五岁时就已经定形了。医生通常在十几岁时已经决定要当医生了。但是，大多数人，特别是天赋极高的人，实际上在 25 岁以前都不知道他们将来要干什么。然而，在那时，他们应该了解自己的优势。他们应该知道自己的做事方式。他们应该对自己的价值观有清晰的认识。

此时，他们可以决定他们所属的位置，而且也应该决定他们所属的位置。更确切地说，他们应该能够决定他们不属于哪里。如果能认识到我们在大型组织里实际上无法发挥自己的作用，那么在有机会进入大型组织工作时，我们应该学会说"不"。如果我们认识到我们不能胜任决策者的角色，在有机会成为决策者时，我们就应该学会说"不"。像巴顿将军这样的人在有机会独立指挥部队时，应该学会说"不"，宁可当一个级别较高的下属（也许他自己也没认识到这一点）。

但是，在知道这三个问题的答案后，当面临机遇、工作机会和新的任务时，我们也可以说："是的，我愿意接受。但是，我应该这样工作。我们应该这样组织工作。我与你们的关系应该是这样的。你们希望我在这个时限内取得这样的成绩，因为**这就是我**。"

在我们的职业生涯中，我们不能"靠计划"取得成功。我们需要了解我们的优势、我们的工作方式和价值观，并做好抓住机会的准备，只要这样，成功就是水到渠成的事了。通过了解我们所属的位置，普通人，即努力工作和有能力胜任工作，但在其他方面表现一般的人，也能创造出优异的成绩。

我能做出什么样的贡献

如果问"我能做出什么样的贡献"，就意味着要将知识转化为行动。我们不能问"我**想**做出什么样的贡献"，不能问"组织**要**我做出什么样的贡献"，我们要问，"我**应**做出什么样的贡献"。

在人类历史上，这不是一个新问题。过去，我们的任务是已知的。任务要么是由工作本身决定的，如农民或手艺人的任务，要么是由主人吩咐的，如佣人的任务。我们曾经想当然地认为，大多数人都需要服从命令，按照别人吩咐的内容做事。直到最近，我们才改变了这种观点。

知识工作者的出现迅速改变了这种局面。在这种变化下，我们期望提供就业机会的组织解决这个问题，这是我们的第一反应。

"职业规划"是20世纪五六十年代的人事部门，特别是大型组织的人事部门需要为"组织人"（organization man，即作为知识工作者的新型雇员）做的事情。日本仍旧采用这种方式管理知识工作者。但是，即使在日本，知识工作者的工作寿命也会逐渐超过提供就业机会的组织的寿命。

然而，除了日本以外，"组织人"和提供职业规划的人事部门在其他国家早已成为历史。同时，"除了自己以外，任何人都可以或应该为自己提供'职业规划'"的观念也随之一起消失。20世纪60年代的知识工作者提出的"我想做什么事情"就是他们的反应。我们告诉他们，"做自己的事"就是做出贡献的方式。这恰恰是1968年爆发的"学生反抗运动"（student rebellion）提出的观点。

然而，我们很快发现，这个观点与"组织人"一样，都是错误的答案。在认为"做自己的事"有助于我们做出应有的贡献、实现自我价值或取得成功的人中，实现上述任何一个目标的人真是寥寥无几。

但是，我们不能走回头路，即按照别人吩咐的做事，或按照别人分配的做事。知识工作者尤其需要学会问："**我**应做出什么样的贡献？"只有这时，他们才应该问："这种贡献与我的优势相称吗？这是我想做的事情吗？我觉得做出这种贡献值得吗？有激励作用吗？"

据我所知，哈里·杜鲁门在成为美国总统后重新给自己定位的方式是说明上述观点的最好例子。当时，富兰克林·罗斯福在第二次世界大战末期突然与世长辞。在此之前，由于杜鲁门关注的完全是国内问题，因此他被提名为副总统。当时，人们普遍认为，随着战争的结束，和平即将到来，美国的注意力将几乎全部转向国内事务。杜鲁门对外交从来就不感兴趣，对外交也一无所知，而且完全忽视外交的存在。在他掌权后的几个星期内，当他出席在德国投降后召开的波茨坦会议时，他的全部精力仍旧放在国内事务上。在波茨坦会议上，他与丘吉尔和斯大林坐在一起，这种状态保持了一个星期。这时，他不仅认识到外交是整个会议的主题，而且还发现他在外交上完全是个外行，这令他感到非常可怕。他从波茨坦返回国内后，承认他不得不放弃他想做的事情，不得不将精力集中在他不得不做的事情上，即外交。如上所述，他立即要求马歇尔将军和迪安·艾奇逊担任他的老师。在几个月内，他就成为一个外交专家，而且缔造战后新格局的不是丘吉尔，也不是斯大林，而是杜鲁门，他签署了挽救西欧的马歇尔计划（Marshall Plan），做出了重建日本的决策，最后呼吁发展世界经济。

反观林登·约翰逊，由于他坚持"我想做什么"，由于他没有问自己"我应做什么样的贡献"，因此他在越南战争和国内政策上都一无所获。

约翰逊与杜鲁门一样，他的注意力也曾经完全放在国内事务上。在继任总统后，他也想完成新政（20世纪30年代由富兰克林·罗斯福总统颁布实行的一系列旨在恢复经济、改革社会的政策）尚未完成的任务。他很快认识到他不得不集中精力应付越南战争。但是，他不能放弃他想做的事情。在处理越南战争和国内事务上，他分身乏术，最终他竹篮打水一场空。

要决定"我应做出什么样的贡献"，我们还要再问一个问题："在哪些方面，我可以创造出不同凡响的成绩？如何创造？"要回答这个问题，我们必须权衡许多事情。成绩的取得应该是很困难的。用今天的时髦话说，要取得成绩，我们需要具有"弹性"。但是，这些成绩应该不是可望而不可即的。如果有人试图取得不可能达到的成绩，或试图取得只有在最不可能的情况下才能取得的成绩，我们认为他不是"雄心勃勃"，而是愚蠢。同时，成绩应是有意义的。成绩应是不同凡响的。成绩应是看得见的，而且在完全可能的情况下，应是可以用数字衡量的。

以一个非营利性机构为例。

> 一位新上任的医院院长问自己："我应做出什么样的贡献？"这个医院的规模非常大，而且享有极高的声望。但是，在此之前的30年，它的声望逐渐摇摇欲坠，而且已经沦为平庸。新上任的医院院长下定决心，在两年内，确定某个重要领域的优秀绩效标准，这就是他应做出的贡献。因此，他决定集中精力改变急救室和外伤治疗中心的现状，这两个都是大科室，不仅经常成为人们关注的中心，而且工作态度漫不经心。新上任的医院院长通过周密思考，提出了对急救室的要求和评测绩效的方法。他决定，每一个来到急救室的患者必须在60秒钟内得到一个有执业资格的护士的接待。在12个月内，这个医院的急救室就成为全美国的楷模。它的变化也说明医院也可以有标准、纪律和评测方法。又过了两年，整个医院焕然一新。

因此，在决定"我应做出什么样的贡献"时，我们需要权衡三个要素。第一个问题是："在这种情况下，我们需要做什么？"第二个问题是："我如何利用我的优势、我做事的方式、我的价值观做出最大的贡献？我做出这样的贡献的目的是什么？"最后一个问题是："要产生不同凡响的影响，我需要取得什么样的成绩？"

然后，这些问题使我们得出以下结论：做什么、从哪里开始、如何开始、要设定什么样的目标和最后期限。

在人类历史中，大多数人都别无选择。他们的任务要么是大自然强加到他们身上的，要么是他们的主人命令他们接受的。他们执行任务的方式在很大程度上也是这样的。但是，预期的结果也是这样的——这种结果没有任何悬念。然而，"做自己的事"不是真正的自由。它只是许可。它不会产生成效。它不会起什么作用。但是，如果以"我应做出什么样的贡献"为出发点，我们就拥有了自由。这种自由是建立在责任的基础上的。

维系人际关系的责任

像少数几个伟大的艺术家、科学家或运动员那样，能独立工作和独立创造出成绩的人简直如凤毛麟角。大多数人都需要与其他人合作，而且只有通过与其他人合作，他们才能发挥出效率。无论他们是组织的一员，还是在法律上保持独立的地位，他们都需要这么做。因此，要自己管理自己，他们需要承担维系人际关系的责任。

维系人际关系的责任有两层含义。

首先，我们需要接受一个事实，即其他人与我们一样都是独立的个体。他们的行为举止一定要符合人的行为举止。这意味着他们也有优势。这意味着他们也有自己做事的方式。这意味着他们也有价值观。因此，我们要发挥出我们应有的效率，我们需要了解与我们共事的人的优势、做事方式和价值观。

这个道理听起来谁都明白。但是，重视它的人却非常少。

有些人的第一份工作是在一个善于阅读的人的领导下工作。因此，他们形成了写报告的习惯。他们下一个老板是善于倾听的人。但是，这些人仍旧继续为新老板写报告：约翰逊总统的助手不断地写报告给他，而这些助手曾经是约翰逊的前任肯尼迪的原班人马，后者恰恰是一个善于阅读的人。这些人总是无法发挥他们应有的作用。他们的新老板总是认为他们既愚蠢，又一无是处，而且还慢半拍。他们得不到老板的认可。要避免这种情况的发生，他们需要看看老板，然后问："他是如何做事的？"

老板不只是组织结构图上的一个名称或"职能"。他们也是人，也有权利按照他们工作的方式工作。与他们共事的人有责任观察他们，了解他们是如何工作的，并根据老板实际采用的方式调整自己的工作方式。

例如，有些老板需要先看到数字，如通用汽车公司的阿尔弗雷德·斯隆就是其中之一。他自己不是财务人员,而是一名工程师,同时具有不同凡响的、捕捉市场机会的本能。但是,作为工程师,他养成了首先查看数字的习惯。

在通用汽车公司有三名管理人员,他们既年轻,又能干。但是,由于他们不了解斯隆的习惯,因此他们没有机会进入最高管理层。他们没有认识到,在斯隆首先有时间查看数字之前,写报告给他或与他讨论都是没有意义的。他们进入斯隆的办公室提交报告,但没有提供数字。这时,他们也失去了斯隆对他们的信任。

如前所述,善于阅读的人不可能成为善于倾听的人,善于倾听的人也不可能成为善于阅读的人。但是,每个人都可以学会做一次像样的口头陈述或写一份像样的报告。下属的责任就是让老板做老板该做的工作。这样,他们就需要了解老板,并问:"他的优势是什么?他如何工作和做事?他的价值观是什么?"事实上,这就是"管理"老板的秘诀。

同样的道理也适用于所有与我们共事的人。他们当中的每个人都不是按照**我**的方式工作的,他们都是按照他们自己的方式工作的。同时,他们都有权利按照自己的方式工作。重要的是他们是否做事和他们的价值观是什么。每个人的做事方式可能各不相同。发挥出效率的第一个秘诀是了解与我们共事的人和我们依靠的人,利用他们的优势、他们的工作方式和价值观。工作关系的建立既有赖于从事工作的人,也有赖于工作本身。

要自己管理自己和发挥出效率,我们要做的第二件事是承担沟通的责任。在人们仔细思考了他们的优势是什么、他们如何做事、他们的价值观是什么,特别是他们应做出什么样的贡献后,他们需要问:"谁需要知道这些答案?在工作中,我依靠谁?谁又依靠我?"然后,他们将这些内容告诉这些人,并采用他们能够接收到信息的方式告诉他们,即如果他们善于阅读,就采用备忘录的方式,如果他们善于倾听,就采用交谈的方式。

> 每当我或其他顾问开始与某个组织合作时,我首先要了解组织中的所有"个性冲突"。大多数冲突都源于一个事实,即有些人不知道对方做什么工作,或不知道对方如何工作,或不知道对方集中精力做什么贡献,以及对方希望取得什么样的成绩。他们对这些一无所知的原因是,他们从没有问过这些问题,因此也没有人告诉他们。
>
> 与其说这衬托出了人类的愚蠢行为,不如说这是人类历史造成的。过去,人们觉得没有必要将这些事情告诉任何人。直到最近,人们才改变了这种想法。在中世纪的一个城市,某个区域的所有人都从事相同

的职业，那里有金匠一条街、鞋匠一条街、兵器制造一条街（日本的京都仍旧保留着制陶一条街、丝绸编织一条街、漆器一条街）。每一个金匠对其他金匠做的事情都了如指掌，每一个鞋匠对其他鞋匠做的事情也一清二楚，每一个制造兵器的人对其他制造兵器的人做的事情同样无所不知。他们不需要解释任何事情。同样的道理也适用于在田间劳作的人们，在严冬结束后，每个人都知道该种什么作物。人们不需要将他们准备种马铃薯的事情告诉邻居，毕竟邻居同时也在种马铃薯。

少数做"与众不同"的事情的人（如少数专业人士）是独立工作的，而且也不需要将他们所做的事情告诉任何人。然而今天，大多数人都要与做不同工作的人共事。

如前所述，负责市场营销的副总裁原来可能是做销售的，对销售的事情一清二楚。但是，她对促销、定价、广告、包装和销售计划等一无所知，她从未做过这些事情。那么，做这些工作的人就有责任帮助负责市场营销的副总裁了解他们正在做的事情、这么做的原因和方法以及预期的结果。

如果负责市场营销的副总裁不了解这些掌握高级知识的专

家正在做的工作，那么这主要是他们的过错，不是副总裁的责任。他们没有告诉她。他们没有向她提供这些方面的信息。反之，负责市场营销的副总裁有责任让每一个与她共事的人了解她对市场营销工作的看法、她的目标和工作方式，以及她希望她自己和每一个与之共事的人取得什么样的成绩。

即使了解维系人际关系的责任的重要性的人也经常不告诉和询问他们的同事。他们担心别人认为他们是专横跋扈、多管闲事和愚蠢的人。他们想错了。每当我们走到同事的旁边说："这就是我擅长做的工作。这就是我工作的方式。这些是我的价值观。这就是我集中精力准备做出的贡献和别人希望我取得的成绩。"我们得到的回答总是："这对我非常有帮助。但是你为什么不早告诉我呢？"

根据我的经验，如果有人问："我需要了解你具有什么样的优势？你是如何做事的？你的价值观是什么？你准备做出什么样的贡献？"我们无一例外地会有相同的反应。

事实上，知识工作者应该要求与他们共事的人（如下属、上级、同事或团队的成员）根据知识工作者的优势和工作的方式调整他们的行为。善于阅读的人应要求他们的同事提交书面报告，而善于倾听的人应要求他们的同事首先与他们讨论。无论何时这么做，对方的反应都应该是："谢谢你告诉我。这非常有帮助。但是你为什么不早告诉我呢？"

组织的基础不再是权力。信任日益成为组织存在的基础。信任不意味着每个人都是相同的，它意味着人们可以互相信赖，它的前提是人们彼此了解。因此，我们绝对需要承担维系人际关系的责任。**这是一种责任。**无论我们是组织的一员，还是组织的顾问，或组织的供应商或销售商，我们都应对与我们共事的每一个人、我们在工作上依赖的每一个人和反过来在工作上依赖我们的每一个人承担维系人际关系的责任。

你的下半生

如上所述：个人的工作寿命可以超过组织的寿命，这是人类历史上的第一次。一个全新的挑战也随之而来，即**我们在下半生做什么？**

我们不再指望到我们 60 岁时，我们 30 岁时就职的组织仍然存在。但是，对于大多数人来说，在 40 年或 45 年中一直做同一种工作也太漫长了。他们会越做越退步，感到厌烦，失去工作的全部乐趣，"在工作岗位上退休"并成为自己和周围所有人的负担。

这种情况未必适用于伟大的艺术家等取得卓越成就的人。最伟大的印象派画家克劳德·莫奈（Claude Monet，1840—1926）即使双目几乎失明，在 80 多岁时仍旧在创作，而且每天工作 12 个小时。巴伯罗·毕加索（Pablo Picasso，1881—1973）可能是最伟大的后印象派画家，同样在 90 多岁时仍然坚持画画，直至去世，而且在70多岁时还开创了新的画派。西班牙大提琴演奏家巴伯罗·卡萨尔斯（Pablo Casals，1876—1973）是20世纪最伟大的乐器演奏家。在97岁时，他还计划演奏一个新的曲目。就在他有一天练习时，突然去世。但是，即使在取得伟大成就的人当中，这些人也只是极个别的例外。马克斯·普朗克（Max Planck，1858—1947）和阿尔伯特·爱因斯坦（Albert Einstein，1879—1955）都是现代物理学巨匠，他们在40岁以后都不从事重要的科学研究工作了。普朗克还另外从事过两份工作。1918年后，60岁的普朗克曾经负责重组德国科学界。1933年，纳粹迫使他退休。1945年，在希特勒倒台后，年近90岁的普朗克再次出山重组德国科学界。但是，爱因斯坦在40多岁就退休了，因此也引起了不小的"轰动"。

今天，许多人都在谈论管理人员的"中年危机"问题。这种话题多半很无聊。在进入45岁后，大多数管理人员都到达了事业的巅峰，而且他们也明白这一点。在做同一种工作20年后，他们在工作上已经驾轻就熟。但是，很少有人能够继续学习，很少有人能做出更大的贡献，而且很少有人希望他们所做的工作给自己带来挑战和满足感。

工作了40年的体力劳动者（如在钢厂或火车驾驶室中工作

的工人）在达到迟暮之年前（即达到传统的退休年龄之前）很早就感到身心俱疲。他们的一生就这样"结束"了。如果他们能继续活下去，如果他们的平均寿命能达到 75 岁左右，那么他们在这 10～15 年中会过得很愉快，要么什么事也不做，要么打打高尔夫球、钓钓鱼、搞点小爱好什么的。但是，知识工作者的一生并没有"结束"。尽管他们可能有各种各样的小牢骚，但是他们完全可以继续发挥余热。然而，知识工作者在 30 岁时本来感到具有挑战性的工作，在他们过了 50 岁以后就会变成一潭死水，而且他们仍旧有可能继续再工作 15～20 年。

因此，要自我管理，我们将越来越需要为自己的下半生做好准备（在这个主题上，鲍勃·布福德（Bob Buford）撰写的《中场休息》（*Half Time*）和《下半场赢家》（*Game Plan*）是最优秀的著作。鲍勃·布福德是一位非常成功的商人，他自己开创了自己的下半生）。

我们找到了三个答案。

第一个答案实际是，开始从事第二职业和做不同的工作（如普朗克的所作所为）。这经常意味着我们只是从一个组织换到另一个组织。

美国的中层企业管理人员就是典型的例子。许多人在 45 岁或 48 岁时换工作，进入医院、大学或一些其他非营利性组织工作。在这个岁数上，他们的孩子已经长大成人，而且他们已经攒够了退休金。在许多情况下，他们仍旧做同样的工作。例如，在大公司担任部门领导的人到中等规模的医院担任院长。但是，越来越多的人实际上开始做不同的工作。

在美国，相当多的中年妇女在企业或当地政府工作了20年，后来又提升到低级管理职位，现在在45岁时，孩子也长大成人了，她们选择进入法学院学习。三四年以后，她们在当地社区担任初级律师。

我们将看到在第一份工作上做得相当成功的人越来越多地从事第二职业。这些人都是精明能干的，如那个进入当地社区医院工作的部门负责人。他们知道如何工作。随着他们的孩子各奔前程，他们的家变得冷冷清清，因此他们需要社区，他们也需要有收入。最重要的是，他们需要挑战。

并行不悖的事业

"下半生我们做什么"的第二个答案是发展并行不悖的事业。

许多人，特别是在本职工作上做得非常成功的人，仍旧留在他们奋斗了20～25年的岗位上。许多人在主要和领薪水的岗位上每周需要工作40～50个小时。有些人从忙忙碌碌的专职工作人员转变为兼职员工或成为顾问。但是，他们为自己找到了一份与本职工作不矛盾的工作，他们通常是在非营利性组织中工作，每周常常另外需要工作 10 个小时。例如，他们负责管理他们的社区。他们管理受迫害妇女避难所，在当地的公共图书馆担任儿童图书管理员，在学校教育委员会（school council）担任委员。这样的人为数不少，而且呈快速增长之势。

最后，第三个答案是"社会企业家"。这些人通常在本职工作上做得非常成功，他们中有商人、有医生、有顾问和大学教授。他们热爱自己的工作，但觉得原来的工作不再具有挑战性。在许多情况下，他们继续做原来的工作，但在这些工作上花费的时间越来越少。于是，他们开始参与另一项活动，通常是非营利性活动。

这里有一些例子。第一个就是上述两部书的作者鲍勃·布福德，这两部书告诉我们如何为我们的下半生做好准备。布福德先是成功创办了一个电视和广播企业，而且仍旧继续经营这个企业。后来，他又成功创办和经营了一个非营利性组织；现在，他建立了第二个组织，这个组织同样办得很成功。通过这个组织，其他社会企业家学会了如何管理他们自己的非营利性事业，同时又不耽误原有企业的经营。

能够利用好自己的下半生的人可能只占少数。大多数人可能继续做他们现在做的事情，即在工作岗位上退休、对工作感到厌烦和继续例行公事与度日如年，直至退休。但是，由于这些占少数的人认识到，延长的工作寿命对于他们自己和社会来说都是一个机会，因此他们越来越有机会成为引领潮流的人和我们效仿的楷模。他们的"成功故事"将越来越多地得到广泛传颂。

要利用好我们的下半生，我们需要：在我们的下半生到来之前，提早做好下半生的打算。

当人们30年前第一次认识到平均工作寿命会越来越长，而且延长的速度非常快时，许多观察家（包括我自己）都认为退休后的人们将越来越多地成为美国非营利性机构的志愿者，但这种情况并没有发生。如果我们在40岁之前没有开始从事志愿者的工作，我们在60岁以后也不会成为志愿者。

同样，我认识的所有社会企业家都是在他们原有的企业达到顶峰之前，就早早地投身于他们的第二个事业。一个律师在大约35岁时就开始作为志愿者为他所在州的学校提供法律服务。在40岁时，他当选为学校教育委员会委员。50岁时，当他积累了大量财富后，开创了自己的事业，即建立和管理模范学校。然而，他仍旧在原来的大公司担任首席法律顾问，这份工作几乎占用了他的全部时间，而在他帮助公司的创始人创办这个公司时，他还只是个年轻的律师。

自我管理将越来越意味着知识工作者需要培养和趁早培养出第二个**主要兴趣**。

在我们的生命或工作中，我们期望遭遇不到重大挫折是不现实的。

42岁精明能干的工程师因得不到公司的重视而无法升职。同样42岁年富力强的学院教授认识到，即使他完全有资格担任重点大学的教授，他也只能永远待在给他第一份工作的小学校里，无法到重点大学担任教授。我们个人的家庭生活中也有这样那样的悲剧发生，如婚姻的破裂、丧子等。

在这时，如果我们有第二个主要兴趣，事情就会不一样了。这种主要兴趣不只是另一个爱好。精明能干但错失升职机会的工程师现在知道，他的工作做得还不是很成功。但是，在本职工作以外的活动（如在当地的教会担任财务总监）中，他却取得了成功，而且继续取得成功。虽然有些人的家庭破裂了，但是在本职工作以外的活动中，他们却拥有一个集体。

在一个非常重视成功的社会里，第二个主要兴趣将变得越来越重要。

在人类以往的历史上，这是前所未有的事情。正如英国的一位老者所说的，绝大多数人只希望待在他们"应该待的位置"上，除此以外别无他求。到那时，唯一的变化就是逐渐走下坡路。成功实际上是虚无缥缈的事情。

在知识社会中，我们希望每个人都是"成功者"。但是这显然是不可能的。

对于大多数人来说，能避免失败就是最大的成功。我们每个人在某个领域能做出我们的贡献、做出不同凡响的事情和成为重要人物，这是极其重要的，同时对于我们每个人的家庭来说也是同样重要的。这意味着第二个领域，包括第二个事业、并行不悖的事业、社会公益事业和本职工作以外认真对待的兴趣，所有这些方面使我们有机会成为领导者，成为受别人尊敬的人和成为成功人士。

自我管理带来的变革和挑战虽然不是根本性的变革和挑战，但与前几章讨论的变革和挑战相比，它们却是看得见的。对这些变革和挑战的回答似乎是不言而喻的，甚至显得比较幼稚。当然，前几章所讨论的许多主题（如成为变革的引导者或信息挑战中的主题）显得复杂得多，而且需要更先进的政策、技术和方法，而这些政策、技术和方法是更难以实施的。但是，前几章提出的大多数新措施（新的政策、技术和方法）是一种缓慢的**进化过程**。

自我管理是人事上的**革命**。它要求个人，特别是知识工作者展现出全新的面貌和做出史无前例的事情。这是因为，它实际上要求每个知识工作者都从首席执行官的角度思考问题和做事情。它还要求知识工作者抛弃我们中的大多数人（甚至包括年轻一代）仍旧想当然的思维方式和行为方式，要求他们的思维和行为发生几乎180度的大转弯。毕竟，知识工作者第一次大量出现只有一代人的历史（1969年，在我出版的《不连续的时代》(*The Age of Discontinuity*) 中，我创造了"知识工作者"这个术语，但它只有30年的历史）。

在体力劳动者（他们按照别人的要求做事，包括任务本身或老板的要求）向知识工作者（他们需要自己管理自己）转变的过程中，社会结构也受到了深远挑战。在目前的每一个社会中，即使是在最"个人主义化"的社会中，人们在潜意识上想当然地认为：组织的寿命比劳动者的寿命长，以及大多数人都原地不动。自我管理则是以完全相反的事实为基础的：劳动者的寿命可能比组织的寿命长，以及知识工作者具有流动性。

在美国，人员的流动被普遍接受。但是，即使在美国，劳动者活得比组织长和因此需要为下半生和不一样的下半生做好准备的事实也是一种革命，任何人实际上都没有做好相应的准备。现在的任何机构也没有做好准备，如现行的退休制度。然而，在其他发达国家中，人们不希望，也不接受人员的流动，即希望"保持稳定"。

例如，在德国，以前的人们在10岁时，或最晚

16 岁时在职业取向上就已经定形了。如果儿童在 10 岁时不进入高级中学，他们就失去了任何进入大学学习的机会。大多数没有进入高级中学学习的人，将在十五六岁时以学徒身份成为技工、银行职员或厨师，这种学徒制度决定了这些人在以后的日子里要做的工作。要改变当初当学徒时就已经确定的职业是完全不可能的，即使在实际上没有被禁止的情况下，这种行为也是做不到的。这种情况直到最近才有了改观。

在过去 50 年里取得最大成功的发达国家，面临的挑战最大，在变革上面临的困难也最大，如日本。日本取得的成功在历史上没有先例。它的成功在很大程度上得益于有组织的固定不变，即"终身雇用制"保持不变。在"终身雇用制"中，管理我们的是组织。当然，这种制度之所以这样做，是因为它想当然地认为我们别无选择。我们是被管理的对象。

我非常希望日本能找到一个解决方案，既能保持"终身雇用制"所带来的社会的稳定性、集体和社会的和谐，又能创造知识工作和知识工作者必须具有的流动性。日本及其社会的和谐所面临的危险还不是最严重的。由于在每一个国家，各种机制健全的社会的确需要具有凝聚力，因此日本的解决方案将成为各国效仿的典范。尽管如此，一个成功的日本仍将是一个发生剧变的日本。

所有其他发达国家也将是这样。随着可以和必须自我管理的知识工作者的出现，每一个国家都在发生深刻变化。

本书有意只讨论**管理挑战**。即使在最后一章中，也只谈到了个人，即知识工作者。但是，本书讨论的变革超出了管理的范畴。这些变革非我们个人及我们的事业所能控制得了。本书实际论述的是：

社会的未来。

译者后记

伴随着历史车轮驶入21世纪，人类迎来了新千年的第一缕曙光，包括企业在内的各类组织无一例外地都对新世纪抱有美好的憧憬，迫切地希望抓住各种机会，打响第一炮。但是，它们也清晰地认识到风险、挑战与机遇总是结伴而行的，稍有不慎就会错失良机，与成功擦肩而过，甚至乘兴而来，败兴而归，或一败涂地。

然而，对于组织或企业在未来可能遭遇到的管理问题和挑战，有人很早以前就开始思考了。他就是现代管理大师彼得·德鲁克，他又被称为"大师中的大师""现代管理之父"。九十多岁高龄的德鲁克先生从事管理实践和研究的时间之长，犹如一个当初蹒跚学步的婴儿已届古稀之年，他总结出的光芒四射的管理思想早已深入人心，被许多管理人士奉若神明。他的主要管理学著作包括《管理的实践》《卓有成效的管理者》《公司的概念》《旁观者》《创新与企业家精神》等。凭借多年研究管理学的深厚积淀，在涉猎广泛、触类旁通的基础上，德鲁克先生在世纪之交，又为我们奉献了一部有可能深刻影响我们未来的管理学著作——《21世纪的管理挑战》。

德鲁克先生在投笔之前，本打算总结其以往提出的管理思想和理论,希望给我们带来一部集大成之作。但是,通过对社会发展的细致观察,并结合自己在管理学上的远见卓识,这位智者认识到,这本书应该向前看,应该以未来为着眼点,它讨论的是明天的热点问题,即"关键性的、决定性的、生死攸关的和明天肯定会成为主要挑战的问题"。按照德鲁克先生的话说,它"吹响了行动的号角"。

在这本书中,德鲁克先生首先颠覆了人们对管理的传统看法,提出了一个全新的管理范式,即"只要能影响组织的绩效和成效,就是管理的中心和责任,无论是在组织内部还是在组织外部,无论是组织能控制的,还是组织不能控制的"。他认为,管理不是企业的专利,所有组织都需要有效的管理,小到手术小组,大到大公司这样的庞然大物。他还认为,现代社会和经济的中心既不是技术,也不是信息,更不是生产力,而是管理得当的组织。

其次,这位管理大师提出,组织或企业在制定战略时,不仅要考虑经济领域的东西,还要重视五个必然的发展趋势,这些趋势是社会和政治层面上的,对组织的发展和经营起着至关重要的作用。它们是:

- 发达国家的人口出生率越来越低。
- 在可支配收入的分配上,政府、卫生保健、教育和休闲等部门的影响与日俱增。
- 在绩效的评估上,我们需要提出新的评价标准。同时,我们需要采用非财务手段考核知识工作者的绩效，以便最大限度地发挥他们的作用和效率。
- 所有组织都必须放宽眼界，参与全球竞争，必须以同行业内表现最优秀的组织为标准，只有这样才能在竞争中立于不败之地。
- 经济的全球化和政治现实越来越背道而驰。

随后他认为，管理层在 21 世纪面临的主要挑战是"组织要成为变革的引导者"。变革既是挑战，又是机会。虽然变革是不可预知的，但我们需要努力引领变革、努力创造未来。只有变革符合必然要发生的趋势，只要我们顺势而为，未来不是可望而不可即的。

接着德鲁克先生提出，"信息"正在取代"技术"成为新兴的信息革命的主角。知识工作者和管理人员需要参与信息系统的设计，自己决定他们需要哪些信息。他认为，"信息的目的不是掌握信息，而是能够采取恰当的行动"。他还认为，管理人员需要到组织外面观察和获取外部信息，而外部信息是关系到组织管理与经营的最重要的信息。

最后，德鲁克先生将论述的重点从组织转到了知识工作者。他认为"21 世纪，组织最有价值的资产将是知识工作者及其生产率"。在管理工作中，重点要提高知识工作和知识工作者的生产率。由于我们的工作年限越来越长，有可能超过组织的寿命，因此知识工作者需要学会自我管理。他们需要了解自己的优势、所处的位置、能做出什么贡献，还需要为自己的下半生做好规划。

总而言之，德鲁克先生要告诉我们"社会的未来"，为我们指出了行动的方向。虽然本书中提到的大多数案例都是有关或源于发达国家和新兴国家（如韩国）的，似乎没有专门针对中国提出宝贵的建议，但"他山之石，可以攻玉"。通过德鲁克老先生的眼睛和思想，我们可以借鉴发达国家的经验，而它们走过的弯路，我们通过学习可以加以避免。

要在新的世纪立于不败之地，按照德鲁克先生的话说，让我们尽快"付诸行动"吧！

朱雁斌

彼得·德鲁克全集

序号	书名	要点提示
1	工业人的未来 The Future of Industrial Man	工业社会三部曲之一，帮助读者理解工业社会的基本单元——企业及其管理的全貌
2	公司的概念 Concept of the Corporation	工业社会三部曲之一，揭示组织如何运行，它所面临的挑战、问题和遵循的基本原理
3	新社会 The New Society：The Anatomy of Industrial Order	工业社会三部曲之一，堪称一部预言，书中揭示的趋势在短短10几年都变成了现实，体现了德鲁克在管理、社会、政治、历史和心理方面的高度智慧
4	管理的实践 The Practice of Management	德鲁克因为这本书开创了管理"学科"，奠定了现代管理学之父的地位
5	已经发生的未来 Landmarks of Tomorrow：A Report on the New "Post-Modern" World	论述了"后现代"新世界的思想转变，阐述了世界面临的四个现实性挑战，关注人类存在的精神实质
6	为成果而管理 Managing for Results	探讨企业为创造经济绩效和经济成果，必须完成的经济任务
7	卓有成效的管理者 The Effective Executive	彼得·德鲁克最为畅销的一本书，谈个人管理，包含了目标管理与时间管理等决定个人是否能卓有成效的关键问题
8 ☆	不连续的时代 The Age of Discontinuity	应对社会巨变的行动纲领，德鲁克洞察未来的巅峰之作
9 ☆	面向未来的管理者 Preparing Tomorrow's Business Leaders Today	德鲁克编辑的文集，探讨商业系统和商学院五十年的结构变化，以及成为未来的商业领袖需要做哪些准备
10 ☆	技术与管理 Technology，Management and Society	从技术及其历史说起，探讨从事工作之人的问题，旨在启发人们如何努力使自己变得卓有成效
11 ☆	人与商业 Men，Ideas，and Politics	侧重商业与社会，把握根本性的商业变革、思想与行为之间的关系，在结构复杂的组织中发挥领导力
12	管理：使命、责任、实践（实践篇） Management:Tasks,Responsibilities,Practices	为管理者提供一套指引管理者实践的条理化"认知体系"
13	管理：使命、责任、实践（使命篇） Management:Tasks,Responsibilities,Practices	
14	管理：使命、责任、实践（责任篇） Management:Tasks,Responsibilities,Practices	
15	养老金革命 The Pension Fund Revolution	探讨人口老龄化社会下，养老金革命给美国经济带来的影响
16	人与绩效：德鲁克论管理精华 People and Performance: The Best of Peter Drucker on Management	广义文化背景中，管理复杂而又不断变化的维度与任务，提出了诸多开创性意见
17 ☆	认识管理 An Introductory View of Management	德鲁克写给步入管理殿堂者的通识入门书
18	德鲁克经典管理案例解析（纪念版） Management Cases(Revised Edition)	提出管理中10个经典场景，将管理原理应用于实践

彼得·德鲁克全集

序号	书名	要点提示
19	旁观者：管理大师德鲁克回忆录 Adventures of a Bystander	德鲁克回忆录
20	动荡时代的管理 Managing in Turbulent Times	在动荡的商业环境中，高管理层、中级管理层和一线主管应该做什么
21 ☆	迈向经济新纪元 Toward the Next Economics and Other Essays	社会动态变化及其对企业等组织机构的影响
22 ☆	时代变局中的管理者 The Changing World of the Executive	管理者的角色内涵的变化、他们的任务和使命、面临的问题和机遇以及他们的发展趋势
23	最后的完美世界 The Last of All Possible Worlds	德鲁克生平仅著两部小说之一
24	行善的诱惑 The Temptation to Do Good	德鲁克生平仅著两部小说之一
25	创新与企业家精神 Innovation and Entrepreneurship:Practice and Principles	探讨创新的原则，使创新成为提升绩效的利器
26	管理前沿 The Frontiers of Management	德鲁克对未来企业成功经营策略和方法的预测
27	管理新现实 The New Realities	理解世界政治、政府、经济、信息技术和商业的必读之作
28	非营利组织的管理 Managing the Non-Profit Organization	探讨非营利组织如何实现社会价值
29	管理未来 Managing for the Future:The 1990s and Beyond	解决经理人身边的经济、人、管理、组织等企业内外的具体问题
30 ☆	生态愿景 The Ecological Vision	对个人与社会关系的探讨，对经济、技术、艺术的审视等
31 ☆	知识社会 Post-Capitalist Society	探索与分析了我们如何从一个基于资本、土地和劳动力的社会，转向一个以知识作为主要资源、以组织作为核心结构的社会
32	巨变时代的管理 Managing in a Time of Great Change	德鲁克探讨变革时代的管理与管理者、组织面临的变革与挑战、世界区域经济的力量和趋势分析、政府及社会管理的洞见
33	德鲁克看中国与日本：德鲁克对话"日本商业圣手"中内功 Drucker on Asia	明确指出了自由市场和自由企业，中日两国等所面临的挑战、个人、企业的应对方法
34	德鲁克论管理 Peter Drucker on the Profession of Management	德鲁克发表于《哈佛商业评论》的文章精心编纂，聚焦管理问题的"答案之书"
35	21世纪的管理挑战 Management Challenges for the 21st Century	德鲁克从6大方面深刻分析管理者和知识工作者个人正面临的挑战
36	德鲁克管理思想精要 The Essential Drucker	从德鲁克60年管理工作经历和作品中精心挑选、编写而成，德鲁克管理思想的精髓
37	下一个社会的管理 Managing in the Next Society	探讨管理者如何利用这些人口因素与信息革命的巨变，知识工作者的崛起等变化，将之转变成企业的机会
38	功能社会：德鲁克自选集 A Functioning society	汇集了德鲁克在社区、社会和政治结构领域的观点
39 ☆	德鲁克演讲实录 The Drucker Lectures	德鲁克60年经典演讲集锦，感悟大师思想的发展历程
40	管理（原书修订版） Management(Revised Edition)	融入了德鲁克于1974~2005年间有关管理的著述
41	卓有成效管理者的实践（纪念版） The Effective Executive in Action	一本教你做正确的事，继而实现卓有成效的日志笔记本式作品

注：序号有标记的书是新增引进翻译出版的作品

读经典原著，体悟原汁原味的德鲁克

中英文双语版 全套精装

畅销20年，风靡36个国家德鲁克作品精选 荷兰进口轻型纸印刷 携带轻便

创新与企业家精神（中英文双语版）
有关创新和创业实践的经典之作，探讨创新的原则，创新的机会，将创意发展为可行性事业所需注意的原则和禁忌

卓有成效的管理者（中英文双语版）
管理者如何做到卓有成效，德鲁克最畅销的作品之一，全球销售1000余万册，职场人案头必备

管理的实践（中英文双语版）
开创管理"学科"的奠基之作，德鲁克因此书被称为"现代管理学之父"

21世纪的管理挑战（中英文双语版）
从6大方面深刻分析了管理者和知识工作者在21世纪面临的挑战

解读德鲁克系列

掌握德鲁克管理思想精髓的快速入门手册

◎ **那国毅 德鲁克的中国学生**
《百年德鲁克（第2版）》
作为德鲁克的学生，那国毅先生在本书中阐述了自己对大师思想和代表性作品的诠释与解读

◎ **约瑟夫 A.马恰列洛（Joseph A.Maciariello）**
与德鲁克共事26年 全球权威德鲁克思想研究专家

《失落的管理艺术》
从人文视角分析管理难题，倡导管理者将社会看作一个生态系统，用管理的力量实现整个社会的可持续发展

《卓有成效的领导者：德鲁克52周教练指南》
将德鲁克的思想转化成可在52周实际执行的领导课程，帮助读者在企业管理实践中自如运用

◎ **威廉·科恩（William A. Cohen）**
德鲁克博士项目第一批毕业生，美军少将

《德鲁克的自我发展智慧》
重要的是，知识工作者，在人到中年之时，已经把自己培养成一个'人'，而不是税务师或水利工程师

《德鲁克的十七堂管理课》
需要什么样的素质我们才能成为高效的领导者，为什么"人人都知道"的东西却往往是错误的，如何将德鲁克思想应用于管理实践

◎ **上田惇生**
与德鲁克相交多年的友人
日本研究德鲁克的顶级权威学者

《卓有成效的变革管理》
《卓有成效的个人管理》
《卓有成效的社会管理》
《卓有成效的组织管理》
一日一读，德鲁克经典管理思想语录集

欧洲管理经典 全套精装

欧洲最有影响的管理大师
（奥）弗雷德蒙德·马利克 著

超越极限
如何通过正确的管理方式和良好的自我管理超越个人极限，敢于去尝试一些看似不可能完成的事。

转变：应对复杂新世界的思维方式
在这个巨变的时代，不学会转变，错将是你的常态，这个世界将会残酷惩罚不转变的人。

管理成就生活（原书第2版）
写给那些希望做好管理的人、希望过上高品质的生活的人。不管处在什么职位，人人都要讲管理，出效率，过好生活。

管理：技艺之精髓
帮助管理者和普通员工更加专业、更有成效地完成其职业生涯中各种极具挑战性的任务。

战略：应对复杂新世界的导航仪
制定和实施战略的系统工具，有效帮助组织明确发展方向。

公司策略与公司治理：如何进行自我管理
公司治理的工具箱，帮助企业创建自我管理的良好生态系统。

正确的公司治理:发挥公司监事会的效率应对复杂情况
基于30年的实践与研究，指导企业避免短期行为，打造后劲十足的健康企业。

读者交流QQ群：84565875